Handbuch des Qualitätsmanagements für die Hotellerie

Praxis Qualitätsmanagement

Herausgegeben von Klaus W. Jamin

Mit einer Einführung von Urs Meier,
Prof. Dr. Andre M. Schmutte und Klaus-P. Wagner
und einem Schlusswort von Alfred Darda

Klaus W. Jamin

Handbuch des Qualitätsmanagements für die Hotellerie

BWV • BERLINER WISSENSCHAFTS-VERLAG

Bibliografische Information der Deutschen Nationalbibliothek

Die Deutsche Nationalbibliothek verzeichnet diese Publikation in der Deutschen Nationalbibliografie; detaillierte bibliografische Daten sind im Internet über http://dnb.d-nb.de abrufbar.

ISBN 978-3-8305-3398-6

© 2014 BWV • BERLINER WISSENSCHAFTS-VERLAG GmbH,
Markgrafenstraße 12–14, 10969 Berlin
E-Mail: bwv@bwv-verlag.de, Internet: http://www.bwv-verlag.de
Printed in Germany. Alle Rechte, auch die des Nachdrucks von Auszügen, der fotomechanischen Wiedergabe und der Übersetzung, vorbehalten.

Vorwort

Qualitätsmanagement in Hotels, besonders in großen Hotels, ist Standard. So haben die meisten großen Hotels ihre eigenen Vorgaben, wie sie die Qualität und die Kundenzufriedenheit verbessern können. Kleinere Hotels haben es da schwerer. Sie bemühen sich oft nur um eine Auszeichnung mit Sternen, die grundsätzlich etwas über die Qualität der Einrichtung, die Größe der Zimmer und das Ambiente aussagen. Qualitätsmanagement ist jedoch mehr. Es geht dabei um die kundenorientierte Leitung des Hotels nach praktischen und erprobten Methoden. Man mag diese generell auch in umfangreichen Lehrbüchern, beispielsweise zur Organisationslehre, nachlesen.

Der Vorteil des vorliegenden Buches ist jedoch, mit praktischen Tipps aus dem Betriebsalltag speziell das Management von Hotels zu verbessern. Wenn dann noch ein international gültiges Zertifikat dabei herauskommt, dann ist es umso besser.

Robert Salzl
Präsident Tourismus Oberbayern München e.V.
Vorsitzender des Fachausschusses Tourismus im Wirtschaftsbeirat Bayern

Vorwort des Herausgebers

Klaus W. Jamin

Das vorliegende Handbuch wurde von Praktikern geschrieben, die sich seit vielen Jahren mit dem Thema Qualitätsmanagement auseinandersetzen und in ihrem jeweiligen Bereich eine große Zahl von Überprüfungen des Qualitätsmanagements in unterschiedlichen Unternehmen durchgeführt haben.

Bei dieser Tätigkeit wurden Erfahrungen gesammelt, Methoden und Checklisten entwickelt und Vorgehensweisen erprobt, die vor allen Dingen für Unternehmer geeignet sind, die ein Qualitätsmanagement selbst einführen wollen beziehungsweise einem Berater mit fundiertem Wissen zur Seite stehen möchten. Das eigene Grundwissen im Gebiet des Qualitätsmanagements hilft dem Hotelier oder Hotelmanager dabei, dass er nicht mehr so sehr vom Berater abhängig ist, nicht von Fremdwörtern oder der speziellen QM-Sprache überfordert wird und auch nicht am Ende das Gefühl haben muss, als würde er sein eigenes Unternehmen nicht mehr verstehen.

Qualitätsmanagement ist einfach. Qualitätsmanagement gilt international und wird selbst von kleinsten Unternehmen als Vorgehensweise geschätzt, um Ordnung in das Unternehmen und vor allen Dingen in die Prozesse zu bringen. Qualitätsmanagement dient aber besonders der Kundenorientierung. Die Prozesse im Unternehmen können noch so gut laufen, wenn der Kunde nicht zufrieden ist.

Trotz dieser Vorteile wagen sich Unternehmer im Mittelstand selten allein an das Qualitätsmanagement heran. Deswegen haben wir dieses Buch geschrieben und hoffen, dass es eine Unterstützung für Ihre tägliche Arbeit ist. Die Vorgehensweise, um ein Qualitätsmanagement einzuführen, ist einfach und klar dargestellt und ausführlich kommentiert.

In den vielen Beispielen aus der Praxis wird auf eine geschlechtsspezifische Differenzierung verzichtet. Im Sinne der Gleichbehandlung gelten entsprechende Begriffe für beide Geschlechter.

Bei diesem Buch handelt sich überwiegend um einen praktischen Leitfaden. Daher wurden die Autoren von Hotels und Fachleuten unterstützt.

Unser Dank gilt:

- KING's HOTELs München, Frau Hanna King und der Qualitätsbeauftragten des Hotels,
- Hotel Schindlerhof Klaus Kobjoll GmbH, Nürnberg, und deren Marketingabteilung,
- Hotel Leisure Lodge Beach and Golf Resort, Mombasa – Kenya, Herrn GM J. Mutua,
- Edgar E. Schaetzing, Checklisten für das Hotel- und Restaurant-Management im Anhang, Internationales Institut für Hotel & Restaurant Administration e.V. (IHRA – Institut e.V.)
- und vielen Gesprächspartnern auf der Internationalen Tourismusbörse in Berlin 2014.

Danken möchten wir an dieser Stelle auch Anja Kristina Jamin, die die Karikaturen in diesem Buch gezeichnet hat, und Karin Thalmeier für das Endlektorat, ihre Unterstützung und wertvollen Hinweise.

München, im Frühjahr 2014   Klaus W. Jamin

Inhaltsverzeichnis

Abbildungsverzeichnis

EINFÜHRUNG IN DAS QUALITÄTSMANAGEMENT

1. Qualität – was ist das?

Andre M. Schmutte

Über Geschmack lässt sich trefflich streiten. Stellen Sie einmal eine beliebige Opernarie, einen deutschen Schlager und einen Disco-Song gegenüber und bewerten, welches das qualitativ beste Liedgut ist. Nicht ganz einfach? Es ist gar nicht machbar! Nicht wenn Ihnen die Zielgruppe, die Umgebung und die Situation unbekannt sind. Disco-Beats in der Oper? Unmöglich. Eine Arie in der Disco? Ebenfalls unmöglich. Beide Stücke hätten in diesen Situationen „schlechte Qualität", weil sie nicht zu Ort und Zielgruppe passen, weil sie den Erwartungen nicht entsprechen. Ob etwas gut oder schlecht ist, ist subjektiv, weil es sich immer aus dem Auge des Betrachters bemisst.

Qualität ist also gar nicht so einfach zu fassen. Die Versuche, diesen Begriff zu definieren, sind endlos. Die einen verstehen darunter die charakteristischen Eigenschaften eines Produkts oder einer Dienstleistung, andere die Einhaltung vorgegebener Spezifikationen. Manche machen Qualität als Preis-Leistungs-Verhältnis zu einer relativen Größe. Und wieder andere sprechen von „innerer Vortrefflichkeit". Wir verzichten an dieser Stelle auf den Spaß und gehen nicht bis Plato und seiner Diskussion des Begriffes der Schönheit zurück. Wir bleiben im unternehmerischen Umfeld und suchen eine einfache praktikable Erklärung.

Zu Recht sind deutsche Unternehmen bis heute stolz auf die Beschaffenheit ihrer Produkte, das Design, die Funktionalität. Deutsche Produkte und Dienstleistungen genießen auf der ganzen Welt einen herausragenden Ruf, was die Zuverlässigkeit betrifft – der Grundstein der Marke „Made in Germany". Leider ist dieses Image Segen und Fluch zugleich. Denn aus dieser Produktbezogenheit resultiert der heute noch weit verbreitete Ansatz, Qualität direkt mit den Merkmalen eines Produkts oder einer Dienstleistung zu verknüpfen und Qualität als die Konformität mit Spezifikationen zu verstehen. In diesem Sinne definiert auch das Deutsche Institut für Normung (DIN) Qualität unter dem Begriff

„Beschaffenheit" etwas sperrig als die „Gesamtheit der inhärenten Merkmale einer Einheit sowie der zu diesen Merkmalen gehörenden Merkmalswerte" (DIN 2008a, S. 4).

Das aber ist nicht präzise, geht nicht weit genug. Denn Wettbewerbsfähigkeit ergibt sich aus einer konsequenten Kundenorientierung. Das oben skizzierte Verständnis garantiert aber nicht, dass die Erwartungen des Kunden erfüllt werden. Und das ist ein reales Problem, wie unzählige Beispiele aus der Unternehmenspraxis zeigen. Ehemals führende Handy-Hersteller wie Nokia oder Siemens sind nicht mehr am Markt, weil sie zwar technisch solide Geräte auf den Markt brachten, aber das Bedürfnis der Kunden nach Individualität, Lifestyle und Vernetzung nicht verstanden. Loewe kämpft um seine Rettung, weil es sich auf seiner High-End-Technik ausruhte und den Trend zu Flachbildschirmen und günstigerem Luxus verschlafen hat. Hotels kamen ins Trudeln, weil sich das Gästeverhalten änderte und sie nicht verstanden, dass es sowohl für Freizeit- wie auch für Geschäftskunden nicht mehr ausreichte, nur Übernachtungen anzubieten. Ärzte verlieren Patienten, wenn sie sich auf die rein medizinische Handwerkskunst zurückziehen und den heute viel selbstbewusster und mündiger auftretenden Patienten nicht als solchen akzeptieren und behandeln.

Eine Leistung ist also dann von hoher Qualität und führt nur dann zu profitablem Wachstum, wenn der Kunde zufriedengestellt ist. Sie muss in seinem Sinne wertschöpfend sein! Für den Kunden wertschöpfend heißt, dass die Produkte und Dienstleistungen für den Kunden einen spürbaren Mehrwert haben, dass sie seine spezifischen Anforderungen erfüllen und er bereit ist, einen angemessenen Preis zu zahlen.

Es klingt einfach. Aber die Frage, was für den Kunden von Wert ist, bedeutete gerade in Deutschland einen Perspektivenwechsel. Der Wert einer Leistung wurde lange Zeit nicht aus Kundensicht, sondern aus Sicht der Ingenieure bestimmt. Und manche Unternehmen sind bis heute davon geprägt. Wertschöpfung heißt aber nicht das technisch maximal Machbare oder handwerkliche Perfektion. Oder mit dem großen Managementvordenker Peter Drucker gesprochen: Ein Produkt wird nicht zu einem Qualitätsprodukt, weil es schwierig und teuer herzustellen ist. Unternehmen sind nur dann wettbewerbsfähig, „wenn zum einen die Spezifikationen des Kunden vollständig erfüllt sind und der Kunde zum anderen keinen zu hohen Preis zahlen muss, der trotz längerer Haltbarkeit, umfangreicherer Ausstattungen oder technisch innovativer Lösungen dessen eigene Produktionskosten in die Höhe treiben würde. Das Pro-

14

dukt muss dem Kunden nutzen. Und genau hier startet das Ringen um die richtige Balance, die Fokussierung auf das Notwendige und die Vermeidung von Verschwendung" (Schmutte 2014b, S. 228 f.).

Joseph M. Juran, einer der bekanntesten Qualitätsvordenker, erkannte die Ursache für unternehmerischen Erfolg schon vor langer Zeit in der Kundenorientierung und prägte den Ausdruck „fitness for use" (vgl. etwa Juran 1974, 2003). Diesen Begriff greift das DIN bei der Qualitätsdefinition als Ergänzung zu „Beschaffenheit" auf und definiert „Gebrauchstauglichkeit (en: fitness for use) [als] Eignung eines Gutes für seinen bestimmungsgemäßen Verwendungszweck, die auf objektiv und nicht objektiv feststellbaren Gebrauchseigenschaften beruht, und deren Beurteilung sich aus individuellen Bedürfnissen ableitet" (DIN 2008a, S. 5). Den „bestimmungsgemäßen Verwendungszweck" und die „Beurteilung aus individuellen Bedürfnissen" müssen wir heute zwingend aus Kundensicht verstehen.

Was heißt das jetzt konkret für Unternehmen? Welche Konsequenzen ergeben sich daraus? Im Fokus steht die Konzentration auf die wertschöpfenden Tätigkeiten. Das heißt, alles, was für den Kunden nicht von Nutzen ist, ist Verschwendung. Wir kennen das als zentrales Element der Lean-Management-Philosophie, bei der es darum geht, einen hohen Kundennutzen durch schlanke Strukturen und schnelle, flexible Abläufe zu erzielen. Und Schnelligkeit, Flexibilität und letztlich einen hohen Kundennutzen erreichen Sie dann, wenn Sie Verschwendung vermeiden.

In Anlehnung an die klassischen sieben Verschwendungsarten (vgl. Ohno 1988, S. 19 ff.) und ergänzt um einen weiteren, mitarbeiterbezogenen Aspekt sprechen wir heute von acht Verschwendungsarten:

- **Überproduktion**:
  Es wird mehr produziert, als der Kunde abnimmt, mehr geleistet als der Kunde benötigt. Dadurch werden Ressourcen, die für die Erstellung von wertschöpfenden Leistungen eingesetzt werden könnten, unnötig gebunden. Außerdem entstehen wegen fehlender Nachfrage sinnlose Lagerbestände.

- **Bestände**:
  Lagerbestände werden oft als Sicherheitspuffer angelegt, um auf mögliche Kundenbedarfe schnell reagieren zu können. Sie binden Kapital

und Flächen, erhöhen das Risiko einer Wertminderung durch Veralterung und kaschieren die eigentlichen Probleme in den Prozessen.

- **Transporte**:
  Transporte binden Ressourcen für nicht wertschöpfende Tätigkeiten. Mitarbeiter müssen ihre Arbeit unterbrechen, weil benötigte Rohmaterialien, Betriebsmittel oder Informationen fehlen. Transporte verändern die Position eines Produkts, bringen aber keinen unmittelbaren Kundennutzen.

- **Überflüssige Bewegungen**:
  Ein ungünstiges Layout des Arbeitsplatzes und fehlende Arbeitsplatzergonomie schränken die Effizienz des Mitarbeiters ein, führen zu Zeitverlust, schlechterer Qualität und im schlimmsten Fall zu Arbeitsunfällen. Es findet keine flüssige Leistungserstellung statt.

- **Wartezeiten**:
  Wenn die Abläufe nicht optimal aufeinander abgestimmt sind, die Prozesse stocken oder Material fehlt, sind der Mitarbeiter oder das Produkt mit Wartezeiten konfrontiert, in denen keine Wertschöpfung stattfindet. Das erhöht die Durchlaufzeiten und die Kosten und senkt die Flexibilität.

- **Übererfüllung**:
  Es wird mehr Aufwand betrieben als für die Kundenanforderung notwendig ist, oder schlechte Abläufe führen zu einem vermeidbaren Zusatzaufwand. Das ist etwa bei Produkteigenschaften der Fall, die der Kunde nicht erwartet (und für die er nicht zahlt). Die Prozesse sind unnötig komplex.

- **Fehler**:
  Fehler in der Leistungserstellung führen zu Nacharbeiten und Ausschuss, das bedeutet Verschwendung von Ressourcen und Geld. Im schlimmsten Fall verlieren wir einen externen Kunden.

- **Ungenutztes Mitarbeiterpotenzial**:
  Wenn Mitarbeiter nicht ihren Fähigkeiten entsprechend eingesetzt werden, verschwendet ein Unternehmen großes Potenzial. Vor allem im

Dienstleistungsbereich, der von den Kompetenzen und der Verfügbarkeit der Mitarbeiter besonders abhängig ist, ist das äußerst kritisch.

Sich am Kunden zu orientieren und die Strukturen und Abläufe nach Verschwendung zu durchforsten, birgt ein immenses Potenzial, wie wir im folgenden Kapitel sehen werden. An dieser Stelle halten wir fest, dass sich Qualität nicht daran bemisst, was technologisch machbar ist, sondern daran, was dem Kunden nützt, was ihm einen spürbaren Mehrwert liefert. Die Schönheit liegt im Auge des Betrachters. Oder anders gesagt: Qualität ist, was der Kunde dafür hält!

2.   Der entscheidende Wettbewerbsfaktor

Andre M. Schmutte

Qualitätsmanagement hat vielfältige Vorteile für Unternehmen. Wenn Sie Führungskräfte und Mitarbeiter nach dem Nutzen fragen, hören Sie Aussagen wie:

- eine höhere Produktqualität,
- transparente betriebliche Abläufe,
- verbesserte Kommunikation,
- weniger Konflikte zwischen den Mitarbeitern,
- konstruktiver Umgang mit Fehlern,
- höhere Kundenzufriedenheit,
- weniger Reklamationen und Gewährleistungen,
- geringeres Risiko und dadurch Vorteile in der Produkthaftung,
- Imageverbesserung,
- leichtere Neukundengewinnung und hohe Wiederkaufrate
- und unzählige Argumente mehr.

Von Großunternehmen sind solche Aussagen vielfach bekannt. Aber sie gelten überall, sind völlig unabhängig von Unternehmensgröße und -branche. Für kleinere produzierende Unternehmen bedeutet das, dass sie weiterhin gegenüber Konzernen mit einer hohen Dynamik und Flexibilität punkten, weil sie Ineffizienz, Zeitverluste und Fehler vermeiden. Sportvereine und -verbände beispielsweise können über die hohe Kundenorientierung die Vertrauensbasis bei

Partnern und Sponsoren ausbauen und leichter Zugang zu finanziellen Quellen finden. Krankenhäuser profitieren von Verbesserungen in der berufsgruppenübergreifenden Zusammenarbeit und einer höheren Behandlungsqualität. Hotels und Restaurants können ihre Schwächen im Service abstellen und im immer härter werdenden Kampf um Gäste den Anteil der Stammgäste ausbauen.

Manchmal werden auch Gegenargumente ins Feld geführt. Berichte über hohe Kosten für Schulungen und Umstrukturierungen, bürokratischen Aufwand, hohe Belastung der Personalressourcen oder weniger Flexibilität für das Tagesgeschäft trüben die Bilanz. Schaut man in diesen Fällen aber genauer hin, erkennt man schnell, dass solche negativen Erfahrungen nicht auf Qualitätsmanagement an sich zurückgehen, sondern auf Fehler in der Umsetzung. Nicht das Instrument ist schlecht, sondern seine Anwendung. Ja, Qualitätsmanagement erfordert eine Investition zu Beginn, eine Investition zeitlicher, personeller und finanzieller Natur. Aber die Erfolge stellen sich schnell ein und die langfristigen Vorteile überwiegen bei Weitem, wenn es richtig umgesetzt, pragmatisch auf das Notwendige reduziert, gleichzeitig konsequent in den unternehmerischen Alltag integriert wird.

Um das in der Praxis erfolgreich zu gestalten, stehen unterschiedliche Modelle, Methoden und Vorgehensweisen zur Verfügung, die je nach Situation und Reifegrad des Unternehmens eingesetzt werden. Greifen wir beispielhaft die Normenreihe DIN ISO 9000 ff. und das Exzellenzmodell der European Foundation for Quality Management (EFQM) heraus: Entgegen mancher Missverständnisse sind diese beiden Modelle nicht alternativ zu sehen. Die Frage ist nicht, ob Sie das eine oder das andere einsetzen, sondern wann welches Modell zu Ihrem Unternehmen passt. Denn sie haben unterschiedliche Zielsetzungen.

Die International Organization for Standardization (ISO) und das Deutsche Institut für Normung (DIN) haben mit der internationalen Normenreihe DIN ISO 9000 ff. den Grundstein gelegt, um den Einstieg in das Qualitätsmanagement zu unterstützen und die Dokumentation weltweit zu vereinheitlichen. Die Eingangsnorm ISO 9000 stellt mit dem Basiskonzept und Begriffsdefinitionen eine Art Einleitung dar. Spannend wird es mit der 9001, denn hier finden Sie die Mindestanforderungen an ein Qualitätsmanagement. Die Norm zeigt über ein Prozessmodell grundsätzliche Zusammenhänge auf und beschreibt, wie unternehmerische Führung, das Gestalten der Geschäftsprozesse und ein kontinuierlicher Verbesserungsprozess dazu beitragen, die Kundenforderungen zu erfüllen. Immer mit dem Ziel, langfristigen Geschäftserfolg zu realisieren.

Nach dieser DIN ISO 9001 können Sie Ihr Unternehmen auch zertifizieren lassen (die beiden weiteren Normen 9002 und 9003, die es früher einmal gab, sind mittlerweile entfallen). Mit einer solchen Zertifizierung weisen Sie Ihren Kunden nach, dass Sie ein Qualitätsmanagement nach den Mindestanforderungen umgesetzt haben. Mehr sagt die ISO-Norm nicht aus, weder über die Leistungsfähigkeit Ihres Unternehmens noch über konkrete Ergebnisse, die Sie erreicht haben. Sie prüft und zertifiziert nur das Erfüllen der Mindestanforderungen an ein Qualitätsmanagement. Aber damit bietet sie auch den passenden Einstieg für Unternehmen, die noch keine großen Erfahrungen haben.

Jene Unternehmen, die ihr Qualitätsmanagementsystem ausbauen und die Leistungsfähigkeit ihres Unternehmens steigern wollen, brauchen andere, weitergehende Modelle. Die DIN ISO-Normenreihe versucht sich immer wieder mit ihrer Norm 9004. Früher sollte sie eine Leitlinie zur Exzellenz sein, heute setzt sie sich mit dem „Leiten und Lenken für den nachhaltigen Erfolg einer Organisation" auseinander. Auch wenn die ISO 9004 in dieser Form relativ jung ist und die Praxiserfahrungen noch unterschiedlich ausfallen, kann sie Unternehmen schon darin unterstützen, sich nach einem erfolgreichen Einstieg vom Basisniveau der 9001 weiterzuentwickeln und die Wettbewerbsfähigkeit auszubauen.

Noch einen Schritt weiter gehen Exzellenzmodelle, wie das European Excellence Model der EFQM und der Initiative Ludwig-Erhard-Preis e.V. (siehe dazu auch Kapitel 7, vgl. EFQM 2012). Sie beschreiben die Erfolgsfaktoren exzellenter Organisationen und setzen quasi die „Bestmarke". Diese Messlatte unterstützt Unternehmen dabei, systematisch ihre Stärken und Verbesserungspotenziale zu erkennen. Auf diese Weise können in Qualitätsmanagement erfahrene Unternehmen ihre erfolgskritischen Tätigkeiten und Ergebnisse bewerten und über gezielte Verbesserungsmaßnahmen unternehmerische Spitzenleistungen entwickeln.

Wie bei Leistungssportlern ist auch das Entwickeln unternehmerischer Spitzenleistungen ein Prozess über mehrere Jahre. Und wie im Sport würde ein Fitnessprogramm für Profis den unerfahrenen Einsteiger restlos überfordern. Deshalb ist es für den Erfolg so wichtig, je nach Situation das passende Modell zu wählen. Unternehmen mit weniger Erfahrung steigen mit den Basisanforderungen des ISO-Modells ein und finden hervorragende Unterstützung für den Aufbau eines strukturierten Qualitätsmanagements. Im Laufe der Zeit muss das Fitnessprogramm an Intensität zulegen. Erfahrene Unternehmen greifen dann zu den weitergehenden Exzellenzmodellen, wie in der folgenden Abbildung zu sehen ist. Man kann also vereinfacht sagen: „Von der Zertifizierung zur Exzellenz, oder: ISO ist der Start, EFQM das Ziel." (Schmutte 2014a, S. 87)

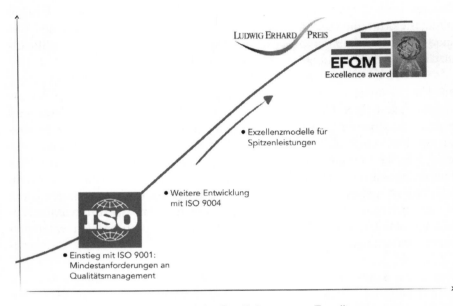

Abbildung 1: Von der Zertifizierung zur Exzellenz

Schauen wir etwas genauer hin: Lässt sich der Nutzen von Qualitätsmanagement konkreter fassen? Schließlich interessiert Unternehmer am Ende des Tages die Profitabilität und der langfristige Erfolg des Unternehmens. Welchen Beitrag leistet Qualitätsmanagement hierzu? Wiegen die genannten Vorteile den erforderlichen Aufwand auf? Lässt sich der Erfolg messen?

Die Erklärung konkreter Ursache-Wirkungs-Zusammenhänge fällt nicht leicht, weil die Einflüsse und Wechselbeziehungen komplex sind. Aber wir finden in der Praxis unzählige Indizien, wenn wir auf die Hebel für Wettbewerbsfähigkeit und Unternehmenserfolg schauen.

Die Wettbewerbsfähigkeit von Unternehmen ergibt sich aus ihrer Fähigkeit, wertschöpfende Leistungen auf profitable Art und Weise zu erbringen, also hohen Kundennutzen bei niedrigen Fehlleistungskosten zu realisieren. Das

20

erreichen Unternehmen über die richtigen Produkte und Dienstleistungen, eine hohe Führungsqualität, kompetente Mitarbeiter und über effektive und effiziente Geschäftsprozesse. Deshalb finden sich diese Kriterien weltweit in den verschiedenen Exzellenzmodellen, unter anderem auch in den USA. Dort wollte der Kongress wissen, ob die von ihm initiierte Baldrige Excellence Initiative tatsächlich Wirkung zeigte. Er beauftragte das General Accounting Office (etwa vergleichbar dem deutschen Bundesrechnungshof) mit einer empirischen Überprüfung von mitarbeiter-, prozess-, kunden- und finanzorientierten Kennzahlen und erhielt eindrucksvolle Ergebnisse: „Unabhängig von der Unternehmensgröße [können] Unternehmen, die die Anwendung konsequent betreiben, durchschnittlich nach zweieinhalb Jahren mit messbaren Qualitäts- und Produktivitätsverbesserungen rechnen [...]. Die Aussagen der befragten Unternehmen zu den einzelnen Kenngrößen waren ausnahmslos positiv." (Malorny/Dicenta 2007, S. 361) In einer weiteren Studie des National Institute of Standards and Technology (NIST) stellten Hendricks/Singhal fest, dass die Qualitätspreisträger um bis zu 8 % höhere Umsatzrenditen, 44 % höhere Aktienkursgewinne und 37 % höheres Umsatzwachstum als die Vergleichsgruppe des S&P 500-Index erzielen konnten, wie in folgender Abbildung zu sehen ist. Alle diese Ergebnisse sind auch für uns Europäer interessant, denn das amerikanische Programm gilt als Vorbild für das Exzellenzmodell der EFQM (siehe dazu Kapitel 7).

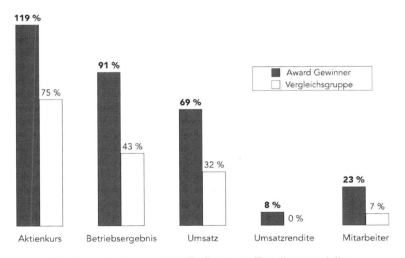

Abbildung 2: Der positive Einfluss von Exzellenzmodellen
auf die Leistungskennzahlen von Unternehmen
Quelle: vgl. Hendricks/Singhal 2001

Schauen wir eine Ebene tiefer, beispielsweise auf die Geschäftsprozesse, die einen handfesten Wettbewerbsvorteil bedeuten können. Warum? Nur etwa 20–30 % der Tätigkeiten im Unternehmen haben einen für den Kunden direkt wertschöpfenden Nutzen. „Weitere 50 % sind unterstützende und damit zwar aus Kundensicht nicht (oder nur indirekt) wertschöpfende, aber für den langfristigen Erfolg des Unternehmens sinnvolle und notwendige Tätigkeiten. Es verbleiben 20–30 % wertvernichtende, kostentreibende Blind- und Fehlleistungen ..." (Schmutte 2014b, S. 215, vgl. auch Schmelzer/Sesselmann 2010, S. 139). Diese 20–30% Verschwendung im Unternehmen lassen sich über Geschäftsprozessmanagement drastisch reduzieren. Über gut gestaltete Abläufe vermeiden Sie Verschwendung, reduzieren Fehlleistungskosten und erhöhen den Kundennutzen. Alleine wenn Sie die Qualität der Ergebnisse aus den Herstellungsprozessen betrachten, wird das immense Potenzial für den Geschäftserfolg deutlich. Denn „eine Fehlerrate von 2 %, die in der Industrie nicht ungewöhnlich ist, verursacht Fehlerkosten in Höhe von 15 bis 25 % des Umsatzes. Bei einer Fehlerrate von 3 % betragen die Fehlerkosten 20 bis 30 % des Umsatzes" (Schmelzer/Sesselmann 2010, S. 260 f., vgl. auch Harry/ Schroeder 2005, S. 15 ff., 30 ff.).

Nicht alle Auswirkungen sind so präzise in finanziellen Kennzahlen messbar. Insgesamt können wir aber festhalten, dass Unternehmen mit der Einführung und der kontinuierlichen Weiterentwicklung eines umfassenden Qualitätsmanagements durch die folgenden positiven Effekte profitieren:

- erhöhte Einnahmen durch bessere, im Sinne des Kunden wertschöpfende Produkte und Dienstleistungen,
- reduzierte Fehlleistungskosten und Arbeitsentlastung durch bessere Geschäftsprozesse,
- effizienter Einsatz finanzieller und personeller Ressourcen,
- Reduzierung von Risiken,
- höhere Mitarbeitermotivation durch eine höhere Führungsqualität und größere Transparenz.

Der Nutzen von Qualitätsmanagementsystemen für den Unternehmenserfolg ist heute unstrittig. Kein Unternehmen, das langfristig erfolgreich sein will, kann es sich im globalen Wettbewerb um die Kunden noch erlauben, im Blindflug unterwegs zu sein. Aber zahlreiche Misserfolge in der Praxis zeigen auch, dass es auf die Ausgestaltung ankommt. Ein Instrument ist immer nur so gut wie die Organisation, die es anwendet. Die nächsten Kapitel geben Ihnen zahlreiche Tipps für die Praxis.

3. Die Entwicklung und Verwaltung der Qualitätsmanagementnormen

Urs Meier

Laut Definition bedeutet Qualitätsmanagement nichts anderes als aufeinander abgestimmte Tätigkeiten zum Leiten und Lenken einer Organisation bezüglich Qualität (vgl. DQS, Stichwortverzeichnis). Dies umfasst üblicherweise das Festlegen der Qualitätspolitik und der Qualitätsziele, die Qualitätsplanung, die Qualitätslenkung, die Qualitätssicherung und die Qualitätsverbesserung.

Wie entstanden Normen?

Der Begriff Qualität ist vermutlich so alt wie der Warenhandel: Die Qualität der eingetauschten Ware musste mit der Gegenleistung übereinstimmen (vgl. Paeger 2011). Ganz am Anfang des Handels wurde Ware direkt mit Ware getauscht. Man konnte also genau prüfen, was man kaufte und ob der Tauschwert gerecht war. Mit der Zunahme des Handels wurde das Thema Qualität immer wichtiger. Im Mittelalter übernahmen die Zünfte die Rolle der Qualitätssicherung. Sie erließen Vorschriften und Kontrollen, wie eine bestimmte Ware beschaffen sein muss.

Mit der industriellen Revolution erhielt dieses Thema in eine neue Dimension. In der Fließbandfertigung stellten meist ungelernte Arbeiter im Akkord komplexe Produkte her, wie zum Beispiel ein Auto. Der amerikanische Ingenieur Frederick Taylor entwickelte Anfang des 20. Jahrhunderts die wissenschaftliche Betriebsführung. Eine eigene Funktion bei dieser Arbeitsteilung hatte der „Inspekteur". Seine Aufgabe war es, das fertige Produkt zu prüfen und nicht funktionierende Teile auszusortieren. Sie wurden später repariert und wieder in den Kreislauf eingeschleust. Es wurde aber ziemlich rasch erkannt, dass es besser und billiger war, die Teile vor dem Einbau auf Qualität zu prüfen.

Aber erst der 2. Weltkrieg brachte der modernen Qualitätskontrolle den richtigen Durchbruch. Die amerikanische Regierung drängte auf eine konsequente Qualitätskontrolle bei Zulieferern der Streitkräfte. Ein Schüler Walter A. Shewarts, W. Edwards Deming, führte statistische Prozesskontrolle ein. Auf dieser Grundlage wurde 1959 die verabschiedete Norm MIL Q-9858 Quality Program

Requirements entwickelt, der bald ähnliche NATO-Normen (AQAP – Allied Quality Assurance Programs) folgten.

Für die zivile Industrie waren diese Qualitätsfragen nach dem Krieg zu teuer. Die Waren ließen sich auch so sehr gut verkaufen und es wurden glänzende Umsätze gemacht. Eine Ausnahme war Japan. Durch die beiden Atombomben von Hiroshima und Nagasaki und den verlorenen Krieg war die Wirtschaft am Boden. Für den Wiederaufbau setzte Japan von Anfang an auf Qualität. Die Japanese Union of Scientists and Engineers lud W. Edwards Deming zu verschiedenen Vorträgen ein. Demings Ideen wurden in Japan sehr ernst genommen. Vor allem sein Qualitäts-Regelkreis (Abweichungen vom Standard werden analysiert, Ursachen gefunden und korrigiert) wurde konsequent angewendet.

Im Jahre 1951 hat der Wirtschaftsingenieur Joseph M. Juran ein Quality Control Handbook veröffentlicht. Auch er wurde nach Japan eingeladen, um seine Ansichten dort umzusetzen. Die Qualitäts-Trilogie von Juran war:

1. **Qualitätsplanung** (Definition der Qualitätsziele sowie die Planung von Produktionsprozessen und Qualitätskontrollen)
2. **Qualitätsregelung** (Bewertung des Qualitätsstandes und daraus das Festlegen von Maßnahmen)
3. **Qualitätsverbesserung**

Das Kredo von Juran war: Qualität ist eine Managementphilosophie. Im Mittelpunkt steht der Kunde. Das Verhältnis Kunde – Lieferant bezeichnet nicht nur das Verhältnis des Unternehmens nach außen, sondern findet sich auch intern. Ein Mitarbeiter in einem Unternehmen kann auch „Kunde" eines anderen Mitarbeiters sein.

Die Lehren Demings und Jurans fielen in Japan auf fruchtbaren Boden und wurden dort von Wissenschaftlern und Ingenieuren weiterentwickelt. So entwickelten

- Taichi Ohno das Toyota Production System,
- Kaoru Ishikawa die Company Wide Quality Control (Einbezug aller Mitarbeiter bei der Qualitätskontrolle),
- Genichi Taguchi den Gebrauch statistischer Methoden für die Fertigungsplanung,

- Shigeo Shingo das Poka Yoke-System zur sofortigen Entdeckung von Fehlern und die Fehlerquelleninspektion,
- Yoji Akao und Shigera Mizuno das Konzept des Quality Function Deployment (QFD) (Einbezug der Kunden im Produktentstehungsprozess).

In den 1970er Jahren war der Vorteil der Qualität unübersehbar. Die Elektronik-, Optik- und Motorradindustrie war fest in japanischer Hand. Später wurde auch die japanische Autoindustrie eine Bedrohung für amerikanische und europäische Unternehmen.

Seit dem 2. Weltkrieg hat sich der Markt total gewandelt, vom Herstellermarkt zum Kundenmarkt. In einem Herstellermarkt wird gekauft, was im Angebot ist. Im Kundenmarkt entscheidet der Kunde, was er kaufen will. In so einem Umfeld haben die Qualitätsanforderungen einen sehr hohen Stellenwert bekommen, und ein Unternehmen wird an der Qualität seiner Produkte gemessen und auch der wirtschaftliche Erfolg hängt sehr stark davon ab.

Was ist eine Norm (Standard)?

Das Wort „Norm" stammt aus dem Lateinischen („norma") und bedeutet „Winkelmaß". Es ist eine „allgemein anerkannte, als verbindlich geltende Regel für das Zusammenleben der Menschen" (Duden 2013). In der Wirtschaft, Industrie, Technik und Wissenschaft handelt es sich um eine Vorschrift, eine Regel oder Richtlinien für die Herstellung von Produkten beziehungsweise die Durchführung von Verfahren oder die Anwendung von Fachtermini (vgl. Duden 2013).

Eine Norm ist ein Dokument, das Anforderungen, Spezifikationen, Leitlinien oder Merkmale festlegt, die immer wieder verwendet werden können. Es stellt sicher, dass Materialien, Produkte, Prozesse und Dienstleistungen für ihre Zwecke geeignet sind.

„Normen sind stärker als Gesetze: Wer sie missachtet, den bestraft der Markt." (Reto U. Schneider, Redaktion „NZZ Folio")

Wer verwaltet Normen?

Vom 14.–26. Oktober 1946 fand im Institute of Civil Engineers in London eine internationale Konferenz nationaler Normungsorganisationen statt (vgl. ISO 2014a). An dieser Konferenz nahmen 25 Länder mit 65 Delegierten teil. Dort wurde der Beschluss gefasst, eine neue, internationale Organisation zu gründen. Ziel war es, die Erleichterung der internationalen Koordinierung und Vereinheitlichung der industriellen Standards zu fördern. Sie sollte zwei große Organisationen ersetzen:

1) Die ISA (International Federation of the National Standardizing Associations), gegründet 1926 in New York mit Sitz in der Schweiz. Die ISA hatte 1942 ihre Tätigkeit eingestellt. Sie war hauptsächlich auf Europa ausgerichtet und deshalb eine „metrische" Organisation.
2) Die UNSCC (United Nations Standards Coordinating Committee), gegründet im Jahre 1944 mit Sitz in London. Sie war eine eher „inch"-basierte Organisation mit den wichtigsten Ländern Großbritannien und Vereinigte Staaten von Amerika.

Der Sitz der neuen Organisation sollte Genf sein, wo die International Organization for Standardization (ISO) am 23. Februar 1947 ihre Tätigkeit aufnahm. 25 Nationen waren Gründungsmitglieder der ISO, darunter die Schweiz und Österreich. Deutschland trat der ISO im Jahre 1951 bei. Liechtenstein ist bis heute kein Mitglied. Die Schweiz jedoch vertritt die Interessen von Liechtenstein in der ISO und liechtensteinische Firmen sind Mitglied in der SNV (Schweizerische Normen-Vereinigung).

1947 wurde der erste Generalsekretär der ISO gewählt. Es war Henry St. Leger, ein Amerikaner, der aber auch sehr gut Französisch sprach. Er hatte den großen Vorteil, die zwei offiziellen Sprachen der ISO perfekt zu sprechen.

Im Jahre 1949 bezog die ISO mit fünf Angestellten ihre Büros in einem kleinen privaten Haus in Genf.

1951 wurde der erste ISO-Standard veröffentlicht, ISO/R 1: 1951 Standard reference temperature for industrial length measurements. Seit dieser ersten Veröffentlichung wurde der Standard mehrere Male erneuert und geändert. Jetzt ist es der Standard ISO 1:2002: Geometrical Product Specifications (GPS) – Standard reference temperature for geometrical product specification.

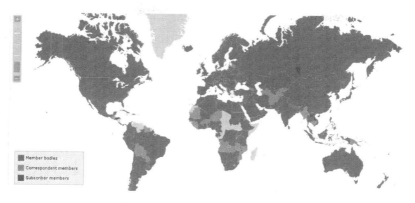

Abbildung 3: Die ISO-Mitglieder
Quelle: ISO 2014c

In den ersten fünf Jahren der ISO, also bis ins Jahr 1952, wurden gerade einmal zwei sogenannte Recommendations veröffentlicht. So nannte man damals die Normen. Bis 1957 kamen nochmals 57 Recommendations dazu. Es war ein schwieriger Start für die ISO. Während in den 1950er Jahren gerade einmal ca. 100 Recommendations veröffentlicht wurden, kam der Durchbruch in den 1960er Jahren. In dieser Zeit wurden etwa 1400 Recommendations veröffentlicht. Dies spiegelt auch den wirtschaftlichen Aufschwung nach dem 2. Weltkrieg und die Nachfrage nach Normen wider.

1978 startete die ISO mit einem eigenen Programm. Das Resultat war das technische Komitee für Quality Management and Quality Assurance (TC176). Dieses Komitee entwickelte dann die ISO 9000-Reihe, die eine der eindrucksvollsten und wichtigsten Normen der ISO wurde.

Im Lauf der Jahre wurden 19.573 internationale Standards entwickelt und es arbeiten 154 Vollzeitangestellte im zentralen Sekretariat in Genf (Angaben per 31.12.2012). Offizielle Sprachen der ISO sind Englisch und Französisch. In diesen Sprachen werden die ISO-Normen veröffentlicht. Die nationalen Normungsorganisationen sind für die Übersetzung in die Landessprachen verantwortlich.

Mittlerweile sind über 160 Länder in der ISO vertreten. Jedes Mitglied vertritt ein Land, wobei es aus jedem Land auch nur ein Mitglied gibt. Es gibt technische (zum Beispiel MP3 oder Telefonkarten), klassifikatorische (zum Bei-

27

spiel Ländercodes, Währungscodes etc.) und Verfahrensstandards (zum Beispiel Qualitätsmanagement nach ISO 9000).

Wie werden Normen festgelegt?

Eine ISO-Norm wird von einem Expertenteam in einem technischen Ausschuss entwickelt (vgl. ISO 2014b). Sobald die Notwendigkeit einer Norm festgestellt wurde, treffen sich diese Experten und erstellen einen Arbeitsentwurf. Dieser Entwurf wird dann an die ISO-Mitglieder verschickt und um ein Feedback gebeten. Wird dann ein Konsens erreicht, wird der Entwurf zu einer Norm.

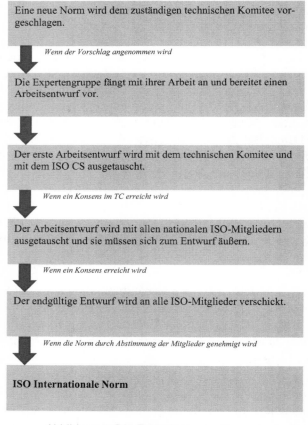

Abbildung 4: Die Entstehung der Normen
Quelle: vgl. ISO 2014b

Grundsätze der Entwicklung von Normen

1. ISO-Normen werden entwickelt, wenn der Markt einen Bedarf meldet

ISO entscheidet nicht, ob oder wann eine neue Norm entwickelt werden muss. Sie handelt auf einen Anstoß der Industrie oder von Konsumentengruppen. Typischerweise kontaktieren diese Organisationen das nationale ISO-Mitglied und dieses wiederum leitet die Anfrage an die ISO weiter.

Beispiele nationaler Mitglieder:
Deutschland: DIN Deutsches Institut für Normung e.V., Berlin
Schweiz: Swiss Association for Standardization, Winterthur
Österreich: Austrian Standards Institute, Wien
Liechtenstein: Kein ISO-Mitglied, Anträge werden über die Schweiz geleitet

2. ISO-Normen basieren auf globalen Experten-Meinungen

ISO-Normen werden von Gruppen entwickelt, in denen Experten aus allen Teilen der Welt mitarbeiten. Diese Gruppen sind wiederum Teil von größeren Gruppen des technischen Komitees. Diese Experten definieren alle Aspekte der Normen, einschließlich Umfang, wichtige Definitionen und Inhalte.

Das technische Komitee für Qualitätsmanagement:
ISO/TC 176 Quality management and quality assurance
Sekretariat: Canadian Standards Association, Mississauga

3. ISO-Normen werden in Interessengruppen entwickelt

Die technischen Komitees werden aus Experten der entsprechenden Branche gebildet. Außerdem sind Verbraucherorganisationen, Wissenschafter, NGOs (nichtstaatliche Organisationen) und Personen aus den Regierungen vertreten.

4. ISO-Normen entstehen aus dem Konsens von vielen Gruppen

Entwicklungen von ISO-Normen basieren auf dem Konsensprinzip. Einwände, Wünsche und Kommentare von Interessengruppen werden dabei berücksichtigt.

4. Praktische Tipps zum Aufbau eines Qualitätsmanagementsystems

Klaus-P. Wagner

4.1 Qualitätsmanagement beginnt im Kopf

Wenn Sie diese Zeilen lesen, haben Sie sicher ernsthaft vor, ein Qualitätsmanagementsystem einzuführen oder Ihr bereits bestehendes Qualitätsmanagementsystem zu verbessern. Vielleicht haben Sie sogar Papier und Bleistift bereitgelegt, um sofort mit der Arbeit anzufangen. Diese sollten Sie aber zunächst beiseitelegen, denn der Aufbau und die langfristige Aufrechterhaltung eines guten Qualitätsmanagementsystems beginnen zunächst im Kopf – und nicht nur in Ihrem, sondern in den Köpfen aller Mitarbeiter.

„Herr Meier soll das machen" wird nicht funktionieren

Zunächst sollte sich die Unternehmensleitung mit dem Qualitätsmanagementbeauftragten an einen Tisch setzen und über die Ziele, die mit der Einführung des Qualitätsmanagementsystems erreicht werden sollen, sprechen. Dabei kann über die Wünsche und Anforderungen der Kunden und ihre Erfüllung ebenso gesprochen werden wie über die Zukunft des Unternehmens oder Wünsche, was in Zukunft wie besser werden soll. Anhand der genannten Themen wird jetzt auch klar, warum die Unternehmensleitung so wichtig ist für den Start des QM-Projekts. Sie muss vollständig davon überzeugt sein, dass ein Qualitätsmanagement notwendig und hilfreich ist für die Umsetzung und Realisierung der oben genannten Wunschvorstellungen, sie muss hinter der Einführung des Qualitätsmanagementsystems stehen, die Richtung vorgeben, in die sich das Unternehmen entwickeln soll, und konkrete Vorgaben machen, was in Zukunft anders und besser werden soll. Der ernannte Qualitätsmanagementbeauftragte wird diese Vorgaben dann auf der operativen Ebene umsetzen und allen Mitarbeitern helfen, Abläufe zu verbessern und Fehler zu reduzieren. Wenn dieser dabei auf sich alleine gestellt ist, hat er keine Chance. Er benötigt für eine erfolgreiche Arbeit die Hilfe und die Mitwirkung aller Mitarbeiter im Unternehmen.

Langfristig wird QM nur funktionieren, wenn man die Erfolge messen kann

Eben haben Sie in groben Zügen über Ziele nachgedacht, die erreicht werden sollen, auch über das, was in Zukunft besser werden soll. Das Qualitätsmanagementsystem wird Sie dabei unterstützen, alles, was Sie sich vornehmen, auch geplant zu erreichen. Damit das Qualitätsmanagementsystem auf lange Frist gelebt wird (und nicht hektisch alle 3 Jahre kurz vor dem Wiederholungsaudit, das gefordert wird, auf einen aktuellen Stand gebracht wird), ist es nötig, dass alle Beteiligten, also die Unternehmensleitung, der Qualitätsmanagementbeauftragte sowie alle Mitarbeiter Freude daran haben. Diese Freude wird sich garantiert einstellen, wenn Erfolge des Qualitätsmanagementsystems auch gemessen und präsentiert werden können. Dazu benötigen Sie messbare Kennzahlen, das Wissen, wie es heute um diese Kennzahlen aussieht, und eine Vorstellung, welche Werte Sie sich für die Zukunft wünschen würden. Mit harten Zahlen messbare Fakten sind das A und O und sehr viel überzeugender als ein gutes „Bauchgefühl".

„Wir haben keine Probleme" stimmt (fast) nie

Die wichtigste Veränderung in den Köpfen aller Beteiligten – Vorgesetzen wie Mitarbeitern – betrifft den Umgang mit „Problemen". Wer gibt schon gerne zu, Probleme zu haben? Wer ist verantwortlich dafür, dass Abläufe im Unternehmen nicht „rund" laufen? In vielen Unternehmen werden solche Fragen einfach nicht gestellt oder totgeschwiegen. Schließlich suchen die meisten am Ende nach einem Schuldigen, der erklären muss, warum es in der Vergangenheit offensichtlich nicht optimal gelaufen ist. „Haben wir denn früher alles falsch gemacht?" ist genau die Frage, die aus der Sicht eines Qualitätsmanagementsystems nicht gestellt werden sollte. Es geht vielmehr darum zu analysieren, was heute noch nicht optimal ist oder was im Vergleich zur Ist-Situation in Zukunft noch verbessert werden kann. Die Schwachstelle von heute ist eine Chance für die Zukunft, besser zu werden und irgendwann besser zu sein als alle anderen. Dies anzupacken, ist das Ziel der Einführung eines Qualitätsmanagementsystems. Und das ist etwas rundum Positives. Dieses Denken sollte sich in den Köpfen aller einstellen.

„Wir machen keine Fehler" stimmt auch (fast) nie

Fast das Gleiche, was für das Wort „Problem" gilt, gilt auch für den Begriff „Fehler". Das Schlechteste, was man tun kann, ist, wenn ein Fehler passiert ist, einen Schuldigen zu suchen, zu schimpfen und ihn zu bestrafen. Aus Sicht eines erfolgreichen Qualitätsmanagementsystems ist auch hier ein Umdenken in den Köpfen aller notwendig. Wer arbeitet, macht irgendwann Fehler. Das wird jedem passieren, auch wenn er sich noch so viel Mühe gibt. Ein Unternehmen mit einem erfolgreichen Qualitätsmanagementsystem wird, wenn ein Fehler passiert ist, diesen zunächst einfach nur zur Kenntnis nehmen und protokollieren. Im Deutsch der Normen findet sich hier zum Beispiel der Begriff „Fehlersammelkarte" als mögliches Hilfsmittel. Danach folgt eine gründliche Analyse, warum es zu diesem Fehler kommen konnte. Wenn es daran lag, dass jemand etwas nicht wusste, kann die Schulung der Mitarbeiter an dieser Stelle verbessert werden und eine geeignete Dokumentation zum Nachlesen zur Verfügung gestellt werden. Hat es jemand schlicht und einfach nur vergessen, kann eine Checkliste zum Abhaken Abhilfe bringen. Manche Aufgaben sind aber so kompliziert und erfordern so viel Konzentration, dass einfach nach einem längeren Zeitraum Fehler passieren können. Hier kann es sich anbieten, dass die Arbeitsergebnisse des einen von einem anderen Kollegen nochmals kontrolliert werden. Wenn man sich gegenseitig hilft, bessere Ergebnisse zu erreichen und

Abbildung 5: Wir machen keine Fehler ...

sicher zu sein, dass die eigene Arbeit ohne Fehler ist, sollte sich schnell ein viel besseres Gefühl bei der Arbeit eines Mitarbeiters einstellen. Auch die „Kontrolle" ist also ein positiv belegter Begriff aus Sicht des Qualitätsmanagements, nicht ein „Hinterherkontrollieren", sondern eine Hilfe, dass meine Arbeitsergebnisse immer passen und niemand etwas zu „meckern" hat.

Qualitätsmanagement will helfen und keine zusätzliche Arbeit machen

Das Ziel der Einführung eines Qualitätsmanagementsystems ist es, Schwachstellen zu erkennen und langfristig abzubauen, offen mit Fehlern umzugehen und sicherzustellen, dass kein Fehler ein weiteres Mal passieren kann und dafür zu sorgen, dass alle Arbeitsleistungen auf gleich hohem Niveau erbracht werden, egal wer sie ausführt. Auch die Entwicklung einer Unternehmensstrategie und die Aufbauorganisation und Prozessabläufe im Unternehmen sollen optimiert werden. Zur Entwicklung der Normen wurden zahlreiche Unternehmen unterschiedlichster Branchen und Größen untersucht und bewertet, welche Vorgehensweisen als optimal anzusehen sind. Diese Erkenntnisse wurden zusammengetragen. Somit beschreibt die DIN ISO 9001 einfach nur, was die besten Unternehmen tun, um die tatsächlich besten Unternehmen zu sein. Wer also nur ordnerweise Papier abheftet, ohne genau zu wissen warum, hat den Sinn der Normen nicht verstanden. Das Qualitätsmanagement will dem Unternehmen helfen und nicht zusätzliche Arbeit machen. Auch für die Mitarbeiter werden Verbesserungen spürbar, da Arbeitsfehler reduziert werden, Rechtfertigungsdruck auf Grund dieser Fehler weniger wird, mehr Sicherheit bei der Ausführung der Tätigkeit besteht und eine optimale Förderung und Weiterentwicklung sichergestellt ist. Und auch die Kunden spüren in der Regel nach der Einführung des Qualitätsmanagementsystems die Mühe, die sich das Unternehmen gibt, und die zahlreichen für sie vorgenommenen Verbesserungen. Wenn sich all diese positiven Effekte einstellen, wird sich auch die Leitung des Unternehmens über weniger Fehler, zufriedenere Kunden und Mitarbeiter und die reibungsloseren Abläufe freuen können.

4.2 Ein Blick in die Kapitel der Norm DIN ISO 9001

Abbildung 6: Verkündigung der DIN ISO 9001

Wenn diese Botschaften in den Köpfen aller Beteiligten angekommen sind, ist der nächste Schritt ein Blick in die Kapitel der Norm. Doch an dieser Stelle noch ein Hinweis. Die Schaffung des Bewusstseins für Sinn und Nutzen eines Qualitätsmanagementsystems kann dauern, wie zahlreiche Begleitungen durch die Berater des IQM e.V. von Unternehmen auf diesem Weg gezeigt haben. Selbst in Artikeln von Zeitschriften, die sich ausschließlich mit Qualitätsmanagementsystemen und deren Einführung beschäftigen, finden sich immer wieder Beiträge, die auf oft zu lesende Kritikpunkte hinweisen. Sätze wie „Als ‚Dokumentationsschlacht‘ beklagten die einen die Prüfung des Qualitätsmanagementhandbuchs, als ‚zu industrielastig‘ kritisierten andere die Forderungen der Norm" (Petrick/Graichen 2012, S. 27) werden von den Gegnern einer Einführung oft und gerne auch im falschen Kontext verwendet für ihre Argumentation. Hier hilft nur beharrliches Argumentieren und immer wiederkehrende Vermittlung des Sinns und Nutzens von Qualitätsmanagementsystemen, bis auch wirklich der Letzte im Boot ist.

Die Einleitung zur DIN EN ISO 9001

Dieses Buch kann und will die Lektüre der DIN ISO 9001 nicht ersetzen. Es soll aber eine Hilfestellung dazu bieten, indem für alle Kapitel der Norm auf die wesentlichen Elemente und Inhalte hingewiesen werden soll. Außerdem wird versucht, wesentliche Aspekte verständlich und frei von Fachbegriffen oder Normendeutsch zu veranschaulichen.

Ein Qualitätsmanagementsystem muss zum Unternehmen, das es einführt, passen. Je nach Größe des Unternehmens und der Komplexität der Abläufe wird es einen anderen Umfang haben. Die Verwendung der Kapitel der Norm als Gliederungsgrundlage für die Dokumentation in einem Qualitätsmanagementhandbuch ist zulässig, aber nicht zwingend vorgeschrieben.

Im Zentrum der Norm steht dabei der prozessorientierte Ansatz. Das bedeutet, dass ein optimales Ergebnis dann erzielt wird, wenn die Organisation und die Arbeitsabläufe aufeinander abgestimmt und die Abhängigkeiten zwischen den einzelnen Arbeitsschritten verstanden sind. Dabei kommt es darauf an, dass alle an einem Prozess Beteiligten wissen, welche Anforderungen an das Prozessergebnis gestellt werden und wie diese erfüllt werden können. Sinnvoll ist es dabei, für jeden dieser Arbeitsschritte zu überlegen, warum er denn notwendig ist und was er zur Wertschöpfung des Unternehmens beiträgt. Im Idealfall sollte man die Leistung jedes Prozesses mit Leistungskennzahlen messen können und laufend an der Verbesserung der Abläufe arbeiten. Das optimale Vorgehen wird mit einem so genannten PDCA-Zyklus erläutert:

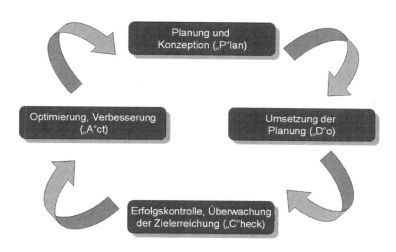

Abbildung 7: Lebenszyklus nach Deming (PDCA-Zyklus)
Quelle: vgl. BSI 2008

Bevor etwas geändert wird, sollte man sich immer überlegen, warum und welche Ziele denn mit der Änderung konkret erreicht werden sollen. Erst in einem zweiten Schritt soll die Umsetzung der Veränderung geplant werden. Nach der Einführung der Änderung ist zu messen, ob die gewünschten Ziele auch tatsächlich erreicht werden konnten. Falls dies noch nicht vollständig der Fall war, sind die Planungen entsprechend anzupassen und der Kreislauf beginnt von Neuem.

Das Kapitel „Anwendungsbereich der Norm"

Grundsätzlich sind die Normen neutral formuliert. Dies hat die Ursache darin, dass sie für alle Unternehmen, egal aus welcher Branche und unabhängig von ihrer Größe, anwendbar sind. Da es aber sein kann, dass Ihr Unternehmen gewisse Aspekte gar nicht abdeckt (wenn Sie zum Beispiel keine eigene Entwicklungsabteilung haben), können Sie gewisse Kapitel der Norm für Ihr Unternehmen auch ausschließen und kurz erklären, warum das ein oder andere für Sie nicht relevant oder anwendbar ist.

Die Kapitel „Normative Verweise" und „Begriffe"

Hier ist für Sie eigentlich nicht viel zu tun. Beim Thema „Normative Verweise" geht es lediglich um die Normen, für die Ihr Managementsystem konzipiert ist. Hier geben Sie einfach die Version der Norm an, nach der Sie vorgegangen sind (DIN ISO 9001:2008). Natürlich dürfen Sie Ihr Managementsystem auch nach weiteren Normen ausrichten, wie beispielsweise der ISO 14000, die sich mit dem Umweltmanagement beschäftigt.

Das Kapitel „Begriffe" weist im Wesentlichen darauf hin, dass es in der Norm ISO 9000 zahlreiche Erklärungen und Begriffsdefinitionen gibt, die Ihnen beim Verständnis der DIN ISO 9001 hilfreich sein können.

Das Kapitel „Qualitätsmanagementsystem"

Ab jetzt benötigen Sie tatsächlich Ihren Zettel und Bleistift, denn ab hier beginnt der eigentliche Teil, der für Sie mit Arbeit verbunden ist.

Beginnen Sie zunächst bei Ihren Prozessen, also den wesentlichen Arbeitsabläufen Ihrer Leistungserbringung. Es ist sicher hilfreich, wenn Sie diese nicht nur auflisten, sondern grafisch darstellen. In der Sprache der Normen wird dieses Bild mit den Prozessen, ihrer Reihenfolge und den Abhängigkeiten (manche Prozesse arbeiten da weiter, wo andere enden) als „Prozesslandkarte" bezeichnet. Konkrete Beispiele für typische Prozesse Ihrer Branche und ihre Darstellung finden Sie im praktischen Teil dieses Buches. Außerdem wird das Thema „Prozesse" und ihre Dokumentation im nächsten Abschnitt nochmals genauer erläutert, da sie das Rückgrat eines jeden Qualitätsmanagementsystems bilden.

Neben der Notwendigkeit des Schreibens eines Qualitätsmanagementhandbuchs wird in diesem Kapitel auch auf die Bedeutung der „Lenkung" von Dokumenten und Aufzeichnungen hingewiesen. Dies bedeutet nichts anderes, als dass Sie zu jedem Zeitpunkt Auskunft darüber geben können, welches die aktuell gültige Version des Dokuments ist, wer diese Version wann freigegeben hat, wer der Verantwortliche ist und wie die Version früher ausgesehen hat.

Das Kapitel „Verantwortung der Leitung"

Die Leitung des Unternehmens muss hinter der Einführung des Qualitätsmanagementsystems stehen und sich selbst dazu verpflichten, alles Notwendige für die dauerhaft erfolgreiche Umsetzung zu tun. Dazu gehört es, die Anforderungen der Kunden zu definieren und zu messen, ob diese mit der erbrachten Leistung tatsächlich auch zufrieden sind. Zudem sind gesetzliche und behördliche Anforderungen zu identifizieren, die auf jeden Fall einzuhalten sind. Darüber hinaus soll die Leitung des Unternehmens eine Qualitätspolitik schriftlich festlegen, das ist Ihr Versprechen an Ihre Kunden. Damit es kein leeres Versprechen bleibt, müssen die Erfolge messbar sein, was wiederum bedeutet, dass Sie konkret fassbare Qualitätsziele definieren werden. Natürlich wird die Unternehmensleitung auch sicherstellen, dass alle notwendigen Ressourcen, die für die Einführung und Aufrechterhaltung des Qualitätsmanagementsystems benötigt werden, zur Verfügung stehen. Die letzte Verpflichtung der Leitung bezieht sich auf die Notwendigkeit einer Selbstkontrolle. In sogenannten „Managementbewertungen" überprüft die Leitung regelmäßig, dass das eingeführte Qualitätsmanagementsystem auch tatsächlich gelebt wird und nicht nur ein „Berg Papier" im Schrank ist.

Wir haben vorhin von Fehlern gesprochen. Diese resultieren häufig daraus, dass es keine Person im Unternehmen gab, die sich in diesem Moment auch wirklich zuständig gefühlt hat. Auf Grund dieser Tatsache empfiehlt die Norm, über Verantwortung, Stellvertretung und notwendige Befugnisse nachzudenken. Sinnvoll ist es darüber hinaus, ein Organigramm zu erstellen und dabei zu klären, wie Personen auf einer Ebene die Aufgaben untereinander aufteilen. Ebenso wird in diesem Abschnitt der Normen betont, dass ein Qualitätsmanagementbeauftragter als Beauftragter der Unternehmensleitung festzulegen ist, und seine Aufgaben werden erläutert.

Wichtig ist es auch, wie intern der Umgang mit dem Thema Qualität gelebt wird. Sinnvoll ist es, sich regelmäßig dazu auszutauschen. Dabei spielt es keine Rolle, ob die interne Kommunikation in Form regelmäßiger Teambesprechungen oder Qualitätszirkel, Rundmails oder in Form von Aushängen zur Information über Qualitätsthemen aufrechterhalten wird.

Das Kapitel „Management der Ressourcen"

Um Ihre Aufgaben perfekt erfüllen zu können, benötigen Sie gewisse Ressourcen. Die Normen gehen speziell auf Personal, Infrastruktur und die Arbeitsumgebung ein. Im individuellen Fall kann es aber darüber hinaus weitere zu betrachtende Ressourcen wie zum Beispiel Know-how oder Finanzen, um nur einige zu nennen, geben.

Hinsichtlich des Personals wird empfohlen, über benötigte und vorhandene Qualifikationen nachzudenken und die Förderung und Weiterqualifikation der Mitarbeiter mit Hilfe einer gezielten Schulungsplanung anzugehen.

Bei der Infrastruktur denken Sie über alle zur Leistungserbringung benötigten Hilfsmittel nach und überlegen sich, ob es sinnvoll ist, für gewisse Bereiche zum Beispiel einen Standard zu definieren. Eine Vereinheitlichung der Ausstattung und Einrichtung eines Arbeitsplatzes kann in manchen Fällen sehr hilfreich sein.

Das Kapitel „Produktrealisierung"

In diesem Kapitel der Norm geht es um alles, was mit dem eigentlichen Prozess der Leistungserstellung zusammenhängt. Hier werden insbesondere Prozesse der Produktion, der Erbringung von Dienstleistungen, des Vertriebs oder Einkaufs beschrieben. Nicht jeder hier angesprochene Prozess, beispielsweise die Entwicklung von Produkten, muss in Ihrem Unternehmen auch vorhanden sein. Deshalb können Sie alles, was für Ihr Unternehmen nicht zutrifft, ausschließen.

Beschäftigen Sie sich nun zunächst mit den sogenannten „kundenbezogenen Prozessen". Für jede Leistung, die Sie für einen Kunden erbringen, sollten Sie sich überlegen, welche Wünsche und Anforderungen die Kunden an diese Leistung haben. Dies betrifft nicht nur das Produkt oder die Dienstleistung selbst, sondern auch das ganze „Drumherum", zum Beispiel Pünktlichkeit, Freundlichkeit, Beratung, Service und vieles mehr. Überlegen Sie, was Sie heute dazu bereits tun, und in welchen Aspekten Sie in Zukunft noch besser sein könnten oder müssen. Außerdem sollten Sie sich überlegen, wie Sie die Zufriedenheit Ihrer Kunden mit Ihrer Leistung am einfachsten und am besten in Erfahrung bringen können. Die Normen nennen das die „Bewertung der Anforderungen". Zudem sollten Sie sich ansehen, wie Sie heute mit Ihren Kunden kommunizieren – schriftlich wie auch mündlich – und ob es auch in diesem Bereich eventuell noch Verbesserungspotenziale gibt.

Neben den erfolgreich erbrachten Leistungen sollten auch die Fälle analysiert werden, in denen es zu Beschwerden oder Reklamationen seitens der Kunden kommt. Hier ist es wichtig sich anzusehen, wie oft das der Fall ist, wie mit Beschwerden umgegangen wird und was die häufigsten Gründe dafür sind. Aus den Erkenntnissen dieser Analysen sollten Maßnahmen abgeleitet werden, die dann laufend zu überwachen sind.

Umfangreich erläutert wird in diesem Kapitel der Norm auch das Thema „Entwicklung", das aber von den meisten kleinen und mittelständischen Unternehmen ausgeschlossen wird, da im Haus keine eigene Produktentwicklung stattfindet. Hier wird erklärt, was bei der Planung des Entwicklungsprozesses zu tun ist, welche Eingaben und Ergebnisse erzielt werden sollen, und wie die Entwicklung bewertet, verifiziert oder validiert werden kann. Auch der Umgang mit nachträglichen Änderungen ist hier beschrieben.

Um auszuschließen, dass Fehler von außen durch fremde Produkte oder Leistungen entstehen können, wird ebenfalls der Beschaffungsprozess genauer betrachtet. Hier kommt es auf die bewusste Auswahl von Lieferanten, die Protokollierung von Reklamationen und am Ende eines Jahres auf die Bewertung der Lieferanten an.

Was die eigene Leistungserbringung angeht, gilt der Grundsatz, dass eine gute und gleichmäßige Qualität kein Zufall sein darf. Daher setzen die Empfehlungen der Norm auf einen „gelenkten Prozess unter beherrschten Bedingungen". Dies bedeutet, dass Sie zunächst die für die Qualität relevanten Merkmale des Produkts oder der erbrachten Dienstleistung identifizieren und überlegen, wie der Arbeitsprozess optimal durchgeführt werden kann. Das Bereitstellen von Arbeitsanweisungen oder Checklisten für die Mitarbeiter, die am Leistungsprozess beteiligt sind, kann eine große Hilfe sein, dazu aber im nächsten Abschnitt mehr. Wenn nicht direkt bei der Leistungserbringung festgestellt werden kann, ob das Ergebnis passt, bietet es sich an, den Arbeitsprozess als solchen zu validieren. Außerdem sollte im Fall einer Reklamation Vorsorge dafür getroffen sein, dass man immer im Nachhinein feststellen kann, wann, wo, von wem, mit welchen Vorgaben, Hilfsmitteln oder Produkten die Leistung erbracht worden ist. In der Sprache der Normen spricht man hierbei von „Nachverfolgbarkeit".

Als Letztes werden in diesem Kapitel der Norm noch die Handhabung von Dingen, die im Eigentum des Kunden sind, Maßnahmen zur Erhaltung der Produkte und der Umgang mit kalibrierten oder geeichten Messmitteln erläutert.

Das Kapitel „Messung, Analyse und Verbesserung"

Das wichtigste Ergebnis Ihrer Arbeit ist ein zufriedener Kunde, schließlich soll der Kunde gerne zurückkommen und nicht die Ware (als Reklamation). Daher empfehlen die Normen auf jeden Fall die Messung dieser Zufriedenheit. Es sind viele Möglichkeiten denkbar, wie das erfolgen kann.

In diesem Kapitel der Norm wird auch erklärt, was bei einem sogenannten „internen Audit" eigentlich passieren soll. Auch zu diesem Punkt später Genaueres.

Den Schluss dieses Kapitels der Norm bildet das Thema Verbesserung. Wer aufgehört hat, besser werden zu wollen, der hat schon längst aufgehört, gut zu sein. Daher muss ein ständiger Prozess der Verbesserung, Vorbeugung und Korrektur am Laufen gehalten werden, damit das Unternehmen nicht auf der Stelle tritt und sich laufend weiterentwickelt. Aber auch das sollte für jeden Unternehmer sowieso selbstverständlich sein.

Über all das denken Sie doch jetzt schon ständig nach, wenn Sie ehrlich sind

Wenn Sie jetzt wieder auf Ihr Blatt sehen, werden Sie vermutlich nur einige Stichworte entdecken, über die Sie sowieso schon lange nachdenken wollten. Und das ist genau der richtige Start zur Einführung eines Qualitätsmanagementsystems. Das Qualitätsmanagement fängt im Kopf an und ist zunächst erst einmal viel geistige „Arbeit". Sie sollen sich vorstellen, wie Ihr Unternehmen im Idealfall in Zukunft aussehen sollte. Dann können Sie in einem späteren Schritt die Hilfen, die Ihnen die Norm dazu anbietet, nutzen. Was genau zu tun ist und wie Sie dann vorgehen können, erläutert das Praxiskapitel. Und wenn Sie heute schon ein führendes Unternehmen Ihrer Branche sind, wird sich vielleicht gar nicht so viel ändern. Denn viele machen schon lange einiges, was die Normen raten, oft unter einer anderen Bezeichnung oder einem anderen

Abbildung 8: Wir sind heute schon so gut …

Namen. Aber aus unserer langjährigen Beratungspraxis wissen wir, dass jeder, der sich ernsthaft mit der Einführung eines Qualitätsmanagementsystems beschäftigt, wenigstens ein paar Anregungen in der Norm findet, die das Unternehmen weiter voran bringen.

4.3 Was ist neu in der aktualisierten Norm, die ab 2015 gelten wird?

Was Sie in den letzten Abschnitten gelesen haben, gilt für den aktuellen Stand der Normen aus dem Jahr 2008. Es wird jedoch von Seite der Standardisierungsgremien laufend an einer Verbesserung und Weiterentwicklung der Normen gearbeitet. Aus diesem Grund wurde im Jahr 2012 eine Arbeitsgruppe ISO/ TC 176/ SC 2/ WG 24 eingesetzt, die die Erkenntnisse aus der alltäglichen Nutzung des Qualitätsmanagements, der Zertifizierungspraxis und auch Anregungen von Experten nutzt, um die Normen zu überarbeiten und zu verbessern. Voraussichtlich wird eine überarbeitete Version der Qualitätsmanagementnormen im Lauf des Jahres 2015 erscheinen. Der aktuelle Vorschlag der Arbeitsgruppe wurde in englischer Sprache schon 2013 veröffentlicht (vgl. Beuth 2014), um den Interessierten die Möglichkeit zu geben, bis zur endgültigen Fassung weitere Vorschläge und Anregungen einzubringen.

Welche Veränderungen es am Ende tatsächlich geben wird, ist im Moment noch nicht genau abzusehen (vgl. DGQ 2014). Da aber angestrebt wird, dass alle Managementnormen nun einen einheitlichen Aufbau erhalten sollen, geht man von einer neuen Gliederungsstruktur der Qualitätsmanagementnorm DIN EN ISO 9001 aus:

1. **Anwendungsbereich**
2. **Normative Verweisungen**
3. **Begriffe und Definitionen**
4. **Kontext der Organisation**: Verstehen der internen und externen Angelegenheiten, der Anforderungen und Erwartungen relevanter interessierter Parteien, des Managementsystems und seines Anwendungsbereiches.
5. **Führung**: Verantwortung und Verpflichtung der obersten Leitung, Politik, organisatorische Funktionen, Verantwortungen und Befugnisse.

6. **Planung**: Maßnahmen zur Erkennung von Risiken und Chancen, relevante Ziele der Norm und Pläne zu deren Erreichung.
7. **Unterstützung**: Ressourcen, die für die entsprechende Norm benötigt werden, Kompetenz, Bewusstsein, Kommunikation und dokumentierte Information.
8. **Betrieb**: Betriebliche Planung und Lenkung.
9. **Leistungsbewertung**: Überwachung, Messung, Analyse und Bewertung, internes Audit und Managementbewertung.
10. **Verbesserung**: Nichtkonformität, Korrekturmaßnahmen und ständige Verbesserung.

Die Qualitätsmanagementnormen werden weiterhin einen sehr starken Fokus auf den Kunden, seine Wünsche und die Erfüllung dieser, sowie auch auf die Mitarbeiter, deren Führung und Förderung setzen. Auch der prozessorientierte Ansatz wird beibehalten und sogar verstärkt werden. Als echte Neuerung wird erwartet, dass es im Rahmen des Qualitätsmanagements künftig auch ein Management von Chancen und Risiken geben soll. Dieses wird sich durch verschiedene Aspekte der Norm ziehen, im prozessorientierten Ansatz, der Führung und bei der Planung, wo die wesentlichen Risiken angemessen ermittelt werden sollen, damit die Organisation tatsächlich ihre Chancen ergreifen kann.

Als Letztes sei noch erwähnt, dass die Neufassung der Qualitätsmanagementnormen hinsichtlich ihrer Formulierung nun besser auf die Dienstleitungsbranchen passen wird.

Auch Ihr Qualitätsmanagementsystem wird immer eine Baustelle sein

Genauso wie die Standardisierungsorganisationen laufend an der Weiterentwicklung der Normen arbeiten, werden Sie mit der Einführung eines Qualitätsmanagementsystems laufend alle Inhalte, Dokumente und Planungen aktualisieren und immer auf dem neuesten Stand halten müssen, um den optimalen Nutzen aus Ihrem Qualitätsmanagementsystem zu ziehen. Machen Sie erst gar nicht den Fehler zu glauben, ein derartiges System wäre jemals fertig. Ab dem Moment, in dem Sie die Einführung beginnen, wird Sie die Weiterentwicklung laufend begleiten.

Abbildung 9: Qualitätsmanagement ist und bleibt eine Dauerbaustelle …

5. Instrumente des Qualitätsmanagements – anfängliche Einwände, praktischer Nutzen

Klaus-P. Wagner

Aller Anfang ist schwer

Im letzten Abschnitt haben Sie die Kapitel der Norm und die Absicht, mit der diese verfasst wurden, kennengelernt. Aus unserer langjährigen Erfahrung bei der Begleitung der Einführung von Qualitätsmanagementsystemen in kleinen und mittelständischen Unternehmen wissen wir, dass gerade der Einstieg in das Qualitätsmanagement für „Neulinge" oft sehr schwer ist. Aus diesem Grund haben wir, bevor es im Praxiskapitel richtig an die Arbeit geht, die vier Aspekte vorangestellt, die der großen Mehrheit die meisten Probleme bereiten: Das Arbeiten mit Kennzahlen, Prozessen, Checklisten und Arbeitsanweisungen. Ziel dieses Abschnittes ist es, Sie für diese QM-Instrumente zu sensibilisieren, zu erläutern, warum diese so wichtig sind, und Ihnen den Einstieg zu erleichtern, wenn Sie dann im praktischen Kapitel so richtig loslegen und diese Instrumente in Ihrem Unternehmen anwenden.

Monetäre Kennzahlen sind wie ein Blick in den Rückspiegel

Fast alle Unternehmen erwarten gespannt die monetären Kennzahlen, besonders Umsatz und Gewinn, und analysieren diese in der Regel genau. Für Ihren Erfolg, Ihre Liquidität und die finanzielle Situation Ihres Unternehmens sind diese auch wirklich wichtig. Anders sieht es jedoch aus, wenn Sie diese Zahlen aus einem strategischen Blickwinkel betrachten. Nehmen wir an, Sie holen im Frühjahr druckfrisch Ihren Jahresabschluss, Ihre Bilanz oder Ihre Gewinn- und Verlustrechnung aus der Post. Was können Sie diesen Dokumenten strategisch betrachtet entnehmen? Zunächst einmal das wirtschaftliche Ergebnis des letzten Geschäftsjahres. Was ist aber die Ursache für den Erfolg oder Misserfolg im letzten Jahr? Die Zufriedenheit Ihrer Kunden mit Ihrer Leistung, Ihrer Qualität, Ihrem Service und Ihrem Angebot. Wahrscheinlich geht diese positive Erfahrung aber noch weiter zurück als auf das letzte Jahr. Sie sehen also in den Zahlen den Spiegel Ihrer Leistungsfähigkeit, der mindestens zwei Jahre in der Vergangenheit liegt.

Abbildung 10: Monetäre Kennzahlen – ein Blick in den Rückspiegel …

Sie benötigen andere Kennzahlen, die den künftigen Erfolg messen können

Um Ihr Unternehmen strategisch steuern zu können, benötigen Sie also andere, nicht monetäre Kennzahlen, die ein Indikator für Ihren zukünftigen Erfolg sind. Zunächst sind dies kundenbezogene Kennzahlen, die ein Indikator dafür sind, wie zufrieden der Kunde ist, wie gut er sich behandelt fühlt, ob er alle gewünschten Leistungen tatsächlich auch angeboten bekommt, wie zufrieden er mit dem Service ist etc. Wenn Sie in diesen gemessenen Kennzahlen gute Werte erreichen, ist die Wahrscheinlichkeit hoch, dass der Kunde gerne wiederkommen wird. Dies ist die Basis für Ihren künftigen Erfolg. Ebenso sollten Sie Aspekte wie Zeit (wie lange muss ein Kunde warten, werden alle zugesagten Termine eingehalten etc.) und Flexibilität (wie wird auf Wünsche oder Änderungswünsche des Kunden reagiert, können individuelle Wünsche des Kunden realisiert werden etc.) bei der Auswahl Ihrer Kennzahlen berücksichtigen. Auch die Messung der Qualität der von Ihnen erbrachten Leistungen darf nicht zu kurz kommen. Sie sollten für jeden Arbeitsprozess – dazu später mehr – überlegen, wie die Qualität der erbrachten Leistung tatsächlich gemessen werden kann.

Was man nicht messen kann, kann man auch nicht managen

Viele werden jetzt denken „das können wir nur schwer messen, aber das brauchen wir auch nicht, denn das wissen wir und haben es gut im Gefühl". Leider stimmt das aber fast nie, denn unsere Erinnerung täuscht uns laufend. Versuchen Sie doch einmal, sich zu erinnern, wann Sie zum Beispiel Ihren PC oder einen Einrichtungsgegenstand gekauft haben, oder wann Sie zuletzt irgendwo gewesen sind, und machen Sie sich die Mühe, Unterlagen herauszusuchen, die das Datum belegen. Sie werden merken, dass sich Ihre Erinnerung oft irrt. Deshalb gilt, dass das Bauchgefühl sicher ein guter Trendmesser ist, es aber eine tatsächliche Messung nicht ersetzen kann. Messen Sie absolute Zahlen (zum Beispiel in Stück) oder relative Zahlen (zum Beispiel die Anzahl im Vergleich zur Gesamtanzahl). Wenn Sie wissen, wo Sie heute stehen, dann setzen Sie sich ein Ziel, das Sie erreichen wollen. Wenn Sie nach dem Zeitraum nachzählen und tatsächlich das Ziel erreichen konnten, können Sie sich und anderen den Erfolg beweisen. Und erst mit nachweislichen Erfolgen wird Ihnen das Qualitätsmanagement Freude machen, und es wird gerne im Alltag gelebt werden.

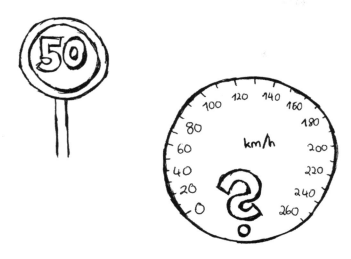

Abbildung 11: Sind Sie sicher, dass das Tempo so passt?

„Wir können unsere Ziele doch nicht selbst steuern"

Auch das ist ein typischer Irrtum. Zugegeben, es gibt viele äußere Einflussfaktoren, die den Erfolg eines Unternehmens beeinflussen von Rahmenbedingungen, die sich ändern, bis hin zu verändertem Kundenverhalten. Jedoch hat es jeder selbst in der Hand, wie er sich aufstellt, welche Leistungen er anbietet, welches Qualitätsniveau er bietet, wie er sich gegenüber Wettbewerbern positioniert und sich vielleicht von ihnen abheben kann. Genau das ist der Teil der Strategie, den Sie bewusst gestalten können und für den Sie sich auch Ziele setzen können. Dass Sie das Heft selbst in die Hand nehmen, ist ein wichtiges Anliegen der Qualitätsmanagementnormen. Aus diesem Grund befasst sich auch ein relativ umfangreicher Teil mit dem Thema strategische Ausrichtung des Unternehmens, mit Visionen für die Zukunft, der strategischen Führung, strategischen Zielen bezüglich der Qualität der Leistungen, die dem Kunden versprochen wird, oder den strategischen Leitlinien, wie Mitarbeiter geführt werden sollen oder der interne Umgang miteinander geregelt ist.

Abbildung 12: Wir lassen uns nicht fernsteuern ...

Die Prozesslandkarte – das Schreckgespenst für QM-Neulinge

Im praktischen Kapitel werden Sie sich ausführlich mit Prozessen beschäftigen. Viele – besonders „QM-Neulinge" – betrachten dies als „Strafaufgabe", allerdings völlig zu Unrecht, denn es ist ein gutes und wichtiges Instrument des Qualitätsmanagements. In jeder Branche gibt es gute und schlechte Anbieter. Aber was macht den Guten besser als den Schlechten? Es sind seine Arbeitsabläufe, die sich wenigstens im Detail unterscheiden. Sie werden jetzt einwenden, aber wir machen unseren Job seit vielen Jahren, sind erfolgreich und haben uns das alles schon oft überlegt. Dies wird aber das gute Unternehmen genauso behaupten wie das schlechte. Das Qualitätsmanagement gibt Ihnen mit Werkzeugen wie der „Prozesslandkarte" lediglich eine Hilfe an die Hand, vielleicht strukturierter als bisher Ihre Abläufe zu analysieren und zu überdenken. Sie beginnen damit erst einmal zusammenzustellen, welche Abläufe es bei Ihnen gibt. Die Visualisierung soll nur helfen, dass man leichter darüber sprechen kann. Es soll eine Diskussion für jeden Ablauf in Gang kommen, warum das eigentlich so gemacht wird. Wir haben das schon immer so gemacht, ist keine gute Erklärung. Es sollten auch alle verknüpften internen wie Kundendokumente, Statistiken etc. auf den Prüfstand gestellt werden. Dabei ist die Frage nach dem Sinn und dem Mehrwert zu stellen. Und es sollte für jeden Ablauf überlegt werden, ob man diesen nicht besser machen kann, besser als andere.

„Wer nichts macht, macht auch nichts falsch"

Anders herum ist es wohl eher zutreffend. Wer arbeitet, dem passieren auch Fehler. Hierfür kann es viele Gründe geben, vom nicht Wissen über das Vergessen bis hin zu unvermeidbaren Störungen im Arbeitsablauf, die die Konzentration beeinträchtigen. Gegen all diese Ursachen bietet das Qualitätsmanagement Hilfsmittel an, die helfen sollen, diese Fehler zu vermeiden. Die notwendige Kultur, offen mit Fehlern umzugehen und nicht den Schuldigen zu suchen, sondern sicherzustellen, dass der gleiche Fehler nicht ein weiteres Mal passiert, wurde bereits erwähnt, auch die Notwendigkeit, die Qualität der erbrachten Leistungen mit messbaren Kennzahlen beurteilen und bewerten zu können. Nun gilt es bei der Arbeit mit den Prozessen genau das für die Arbeitsabläufe in die Praxis umzusetzen. Die Prozesslandkarte listet alle Abläufe auf. Für jeden dieser Arbeitsschritte ist zu überlegen, was da typischerweise „schief gehen" kann. Das Ziel dabei ist es, mit Hilfe der Dokumentation zu einem Arbeitsablauf beziehungsweise Prozess sicherzustellen, dass, egal wer die Leistung erbringt, diese immer ohne bereits bekannte Fehler, auf einem konstanten Qualitätsniveau, auf die gleiche Art und Weise erbracht wird.

Abbildung 13: Wer nichts macht, macht auch nichts falsch …

Fehler durch Vergessen sind ganz normal

Eine typische Fehlerquelle sind Störungen im Arbeitsablauf bei Routinetätigkeiten. Gerade bei Arbeiten, die man sehr oft macht und die man „im Schlaf" beherrscht, ist uns unsere Erinnerung oft keine große Hilfe. Jeder weiß, dass beim Weggehen die Kaffeemaschine ausgeschaltet sein muss, das Licht aus und die Tür abgesperrt sein muss. Eigentlich benötigt man dafür kein Hilfsmittel, möchte man meinen. Aber gerade bei den Routinetätigkeiten, die man so oft macht, kann man sich leider nicht immer sicher erinnern, ob man es gerade eben auch gemacht hat. Das kann jeder bei sich selbst feststellen, wenn er die Tür nochmals aufsperrt, um nachzusehen, ob das Licht jetzt wirklich aus ist. Würden wir uns wirklich jeden Zeitpunkt merken, zu dem wir den Schalter jemals ein- beziehungsweise ausgeschaltet haben, wäre die Merkfähigkeit unseres Gehirns bei der Vielzahl von Routinehandgriffen schnell überfordert. Unsere Konzentration kann hier etwas helfen. Wenn wir einen Routineablauf von vorne bis hinten konzentriert abarbeiten, dann wird er ziemlich sicher auch fehlerfrei ablaufen. Wenn es dabei jedoch eine kurze Störung gibt – egal, ob wir kurz angesprochen werden oder das Telefon klingelt – ist die Konzentration unterbrochen. Und dann ist oft auch die Erinnerung daran weg, was jetzt genau der letzte ausgeführte Schritt war. Man könnte jetzt höchstens den gesamten Ablauf noch einmal von vorne durchgehen.

Checklisten helfen gegen dieses Vergessen

Aus genau diesem Grund bietet das Qualitätsmanagement als ein Hilfsmittel sogenannte Checklisten an. Diesen kann man in vielen alltäglichen Situationen begegnen, zum Beispiel bei der Hauptuntersuchung des Fahrzeugs, beim Kundendienst in einer Werkstatt oder bei Piloten beim Start eines Flugzeugs. Wichtig ist es dabei, dass nicht ein Zettel mit den abzuarbeitenden Schritten an der Wand hängt (diese wissen die Menschen, die eine Tätigkeit immer wieder als Routineaufgabe ausführen sowieso), sondern dass es die Checkliste zum Abhaken in Papierform gibt. So muss sich niemand erinnern, ob er den oder jenen Arbeitsschritt gerade eben gemacht hat oder nicht. Es genügt das Nachsehen auf dem Blatt, ob ein Haken gesetzt ist. Auch kann man so am Ende des Arbeitsschritts selbst kontrollieren, ob nichts vergessen wurde.

Abbildung 14: Manchmal ist es bequemer, das Gehirn auf Papier auszulagern ...

Im QM-Deutsch heißt der Spickzettel Arbeitsanweisung

Ein ebenso einfaches wie wirksames Hilfsmittel ist die Arbeitsanweisung. Hier wird für einen Arbeitsablauf dokumentiert, wie er richtig ablaufen soll, welche Schritte er im Einzelnen umfasst, auf was man aufpassen muss und was besonders zu beachten ist. Dabei handelt es sich also um nichts anderes als das, was man im normalen Leben als „Spickzettel" bezeichnen kann, auf dem man etwas nachsehen kann, was man aktuell nicht weiß oder wenn man sich nicht sicher ist. Dafür gibt es mehrere sinnvolle Einsatzzwecke.

Beginnen wir mit Tätigkeiten, die man sehr selten, beispielsweise nur einmal im Jahr macht. Natürlich kann man sich jedes Jahr aufs Neue „reinfuchsen" und das Rad immer wieder neu erfinden. Sehr viel einfacher ist es aber doch, wenn man sich das erste Mal eingearbeitet hat und weiß, dass man das, was man heute genau weiß und verstanden hat, in einem Jahr sicher vergessen haben wird, sich dafür eine entsprechende Dokumentation erstellt, in der man nachsehen kann, wenn man es wieder braucht.

Das zweite Argument für die Erstellung von Arbeitsanweisungen ist der Ausfall des Mitarbeiters, der diese Tätigkeit eigentlich sonst immer macht. Eine gut gemachte Arbeitsanweisung hilft dem Vertreter, es genauso, und vor allem richtig, zu machen wie derjenige, der es sonst immer macht.

Das dritte Argument für die Erstellung von Arbeitsanweisungen ist der Wechsel eines Mitarbeiters. Wer seine Arbeit gerne macht und dabei mitdenkt, wird im Lauf der Jahre viel lernen – sei es aus eigenen Fehlern, Fehlern von anderen, neu erlerntem Wissen oder Anregungen von Kollegen. Auf jeden Fall wird ein erfahrener Mitarbeiter seine Aufgaben nach vielen Jahren Berufserfahrung anders und deutlich besser erfüllen als an seinem ersten Arbeitstag. Und genau dieses Wissen geht oft verloren, wenn so ein Mitarbeiter ausscheidet. Arbeitsanweisungen können diese Erfahrungen konservieren helfen, wenn der Routinier sein Wissen hier einbringt. So gelingt die Übergabe einer Aufgabe an einen neuen Kollegen sehr viel einfacher, schneller und vor allem mit weniger Wissensverlust.

Um das „Malen" von Prozessbildern geht es überhaupt nicht

Anfangs wurde darauf hingewiesen, dass viele QM-Neulinge die Arbeit mit Prozessen als „Strafaufgabe" sehen und sich primär mit dem „Malen" von Prozessbildern beschäftigen. Im Praxiskapitel werden Sie ebenfalls viele Beispiele für typische visualisierte Prozesse in Ihrer Branche sehen.

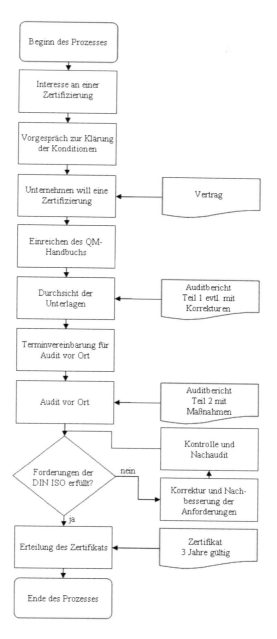

Abbildung 15: Erstzertifizierung als Beispiel für eine Prozessvisualisierung

Wenn Sie sich das Beispiel oben für so eine Prozessvisualisierung eines ersten Zertifizierungsaudits näher ansehen, werden Sie vermutlich denken: „So viel Spannendes kann ich da jetzt auch nicht sehen." Und es geht bei der Arbeit mit Prozessen gerade nicht um das „Malen" des Bildes, sondern um die vielen Überlegungen, die Sie dazu anstellen:

- Warum machen wir das eigentlich so?
- Ist das so sinnvoll oder kann man das besser machen?
- Wo ist der Mehrwert für den Kunden?
- Was sind dabei die typischen Fehler, die passieren?
- Wie können wir diese vermeiden?
- Welche Hilfsmittel sollten wir anbieten?
- Wo macht in diesem Ablauf eine Checkliste Sinn?
- Wo macht in diesem Ablauf eine Arbeitsanweisung Sinn?
- Wer ist wofür verantwortlich?
- Wer übernimmt im Zweifelsfall die Vertretung?
- Wer hat in diesem Ablauf welche Befugnisse?
- Was sind die nötigen Voraussetzungen, damit dieser Ablauf funktioniert?
- Was sind die erwarteten Ergebnisse?
- Wie stellen wir eine kontinuierliche Verbesserung dieses Ablaufs sicher?
- Auf welche Schnittstellen zu anderen Arbeitsprozessen müssen wir achten?
- Wie können wir die Qualität der Leistung messen?
- Wo stehen wir dabei heute und was sind unsere Ziele für die Zukunft?

Dies sind nur einige Beispiele für das, was Sie sich überlegen sollten. Die Visualisierung des Prozesses hilft Ihnen lediglich dabei, die einzelnen Schritte des Ablaufs systematisch durchzugehen. Probieren Sie es aus und Sie werden sehen, dass es mit dem Bild, das auf dem Tisch liegt, sehr viel leichter geht und Sie mit den Kollegen, mit denen Sie über diesen Ablauf sprechen, sehr viel einfacher diskutieren können, als wenn Sie um einen leeren Tisch sitzen.

Alles, was die Normen empfehlen, hat seinen Sinn

Die Qualitätsmanagementnormen bieten zahlreiche Hilfestellungen für optimale Organisation und optimales Management an. Die vier in diesem Abschnitt erläuterten Aspekte sind diejenigen, die für alle, die sich zum ersten Mal mit der Einführung eines Qualitätsmanagementsystems beschäftigen, am Anfang oft Schwierigkeiten bereiten. Auch für alle weiteren Hilfsmittel gilt Ähnliches: Jedes Instrument hat seinen Sinn und es geht nie darum, Ihnen Arbeit zu machen. Beginnen Sie mit dem Ausarbeiten und Befüllen von Papier immer erst dann, wenn Sie sich klar gemacht haben, warum es für Sie einen Nutzen hat und Ihre Organisation voranbringt.

6. Der Weg zum Zertifikat

Klaus-P. Wagner

Wenn Sie dieses Buch durchgearbeitet haben, werden Sie ein Qualitätsmanagementhandbuch erstellt haben. Die vorgestellten Werkzeuge und Methoden des Qualitätsmanagementsystems werden Sie künftig bei der kontinuierlichen Verbesserung Ihres Unternehmens unterstützen. Außerdem werden Sie bereits die Mitarbeiter vom Sinn des Qualitätsmanagements und Nutzen für jeden einzelnen überzeugt haben, sodass das gesamte Unternehmen das neu eingeführte Qualitätsmanagementsystem lebt und verinnerlicht hat.

6.1 Die wichtigsten Fragen rund um das Audit

Aus Ihrer Sicht sind Sie jetzt zunächst einmal so weit fertig. Ihr Unternehmen arbeitet seit vielen Jahren an der Organisation und den Abläufen und hat sich bestimmt viel Mühe gegeben. Zudem besteht nicht für jedes Unternehmen eine von außen gegebene Notwendigkeit, das eingeführte Qualitätsmanagementsystem auch zertifizieren zu lassen, was im Normalfall in einem so genannten Audit geschieht. Auch wenn es nicht beispielsweise von einem großen Kunden, der selbst zertifiziert ist, gefordert wird, gibt es dennoch einige Gründe, die für eine Zertifizierung sprechen. So stellt sich mit der zunehmenden Routine oft eine gewisse „Betriebsblindheit" ein. Man nimmt Abläufe, Gewohnheiten oder Berichte, die erstellt werden, als gegeben hin und hinterfragt nicht mehr, warum das so und nicht anders gemacht wird und worin jetzt der exakte Nutzen für das Unternehmen liegt. Ein neutraler Dritter, der die Historie und die gewachsenen Strukturen und Abläufe nicht kennt, wird das erstellte Managementsystem mit anderen Augen sehen. Er kennt oft eine Vielzahl anderer Betriebe und Abläufe und deren Umsetzung von Qualitätsmanagementsystemen und wird gezielt Fragen stellen, die der Weiterentwicklung des entstandenen Qualitätsmanagementsystems helfen können. Diese neutrale Sicht gibt Ihnen die Sicherheit, alles richtig zu machen, und kann zahlreiche für Sie wichtige Anregungen liefern.

Welchen Auditor soll ich auswählen?

Nun müssen Sie einen Auditor auswählen, der das oben Gesagte auch in die Tat umsetzen kann. Es gibt zahlreiche Zertifizierer und Gesellschaften, die diese Leistung anbieten. Ein Unterschied der Anbieter ist dabei, ob sich diese Zertifizierungsgesellschaften selbst prüfen, in der Sprache der Normen „akkreditieren"[1] lassen oder nicht.

„Das Vertrauen in Zertifikate, Inspektionen, Prüfungen oder Kalibrierungen steht und fällt jedoch mit der Kompetenz desjenigen, der die Bewertungsleistung erbringt. Viele dieser so genannten Konformitätsbewertungsstellen belegen die Qualität ihrer eigenen Arbeit daher durch eine Akkreditierung" (DAkkS 2014a). In Deutschland erfolgt die Akkreditierung von Gesellschaften, die Audits für Qualitätsmanagementsysteme erbringen, durch die DakkS, die Deutsche Akkreditierungsstelle. Sie erkennen akkreditierte Zertifizierungsgesellschaften am Akkreditierungssymbol.

Abbildung 16: Muster des Akkreditierungssymbols der DAkkS
Quelle: DAkkS 2014b

---

1   Akkreditieren kommt aus dem Lateinischen und bedeutet so viel wie „Glauben schenken".

Beim Akkreditierungsverfahren weisen die Zertifizierungsgesellschaften gegenüber einer unabhängigen Akkreditierungsstelle nach, „dass sie ihre Tätigkeiten fachlich kompetent, unter Beachtung gesetzlicher sowie normativer Anforderungen und auf international vergleichbarem Niveau erbringen. Die Akkreditierungsstelle begutachtet und überwacht dabei das Managementsystem und die Kompetenz des eingesetzten Personals der Konformitätsbewertungsstelle" (DAkkS 2014a).

Die Akkreditierung soll dabei die Vergleichbarkeit von Konformitätsbewertungsergebnissen gewährleisten und Vertrauen in die Seriosität des Anbieters erzeugen. Es ist jedoch im sogenannten „ungeregelten Bereich" auch zulässig, dass nicht akkreditierte Zertifizierer die Konformität eines Qualitätsmanagementsystems mit den Normen bewerten und bescheinigen.

Die Autoren dieses Buchs beispielsweise sind alle Mitglieder und Auditoren des IQM e.V. (www.qm-germany.de), der an der Hochschule München gegründet wurde und sich zum Ziel gesetzt hat, die Einführung von Qualitätsmanagementsystemen gerade bei mittelständischen Dienstleistern zu fördern und zu unterstützen und im Rahmen von Einführungsprojekten auch Studierenden die Möglichkeit zu geben, das theoretisch Gelernte im praktischen Unternehmensalltag kennenzulernen. Die Lehrtätigkeit für den Bereich Qualitätsmanagement an einer Hochschule kann also ebenso ein Beleg für die Qualifikation und Kompetenz eines Auditors sein wie eine Akkreditierungsurkunde. Auch wenn durch die Erstellung der Bewerbungsunterlagen für einen Qualitätspreis durch den QM-Berater der Kunde einen solchen Preis gewinnen kann (wie dies beim Bayerischen Qualitätspreis im Jahr 2011 durch den Verfasser dieses Kapitels der Fall war), wird dies gleichermaßen für die Kompetenz des QM-Experten sprechen und eben auf andere Art die notwendige Glaubwürdigkeit dokumentieren.

Egal welchen Zertifizierer Sie auch immer wählen, versuchen Sie nicht, sich das Leben leicht zu machen und den einfachsten Weg zu gehen, sondern sprechen Sie mit dem Anbieter und überzeugen Sie sich persönlich von seiner Kompetenz. Außerdem sollten Sie auch immer bedenken, dass Sie mit der Zertifizierung gegenüber Ihren Kunden belegen, dass Sie ein den Normen entsprechendes Qualitätsmanagementsystem eingeführt haben. Das Zertifikat eines renommierten Anbieters wird hier sicher für die Glaubwürdigkeit positiv sein.

Was passiert beim Audit?

Zunächst wird der Auditor Ihre schriftlichen Unterlagen durchsehen und überprüfen, ob das erstellte Qualitätsmanagementhandbuch alle Anforderungen der Norm formal erfüllt und ob nichts vergessen wurde. Ein zweiter Schritt ist das Audit vor Ort, bei dem der Auditor in persönlichen Gesprächen überprüft, ob die beschriebenen Elemente auch tatsächlich so im Unternehmen gelebt werden. In vielen Fällen kann es sein, dass der Auditor im Gespräch auch weitere Verbesserungsmöglichkeiten anspricht, wie das Qualitätsmanagementsystem des Unternehmens in der Zukunft weiter optimiert werden kann. Diese Empfehlungen oder Auflagen (im Fall noch nicht der Norm konformer Elemente) werden abschließend in einem Auditbericht zusammengefasst.

6.2   Fragenkatalog für das interne Audit als Vorbereitung auf die Zertifizierung

Vor dem Audit durch einen externen Auditor sollten Sie zunächst einmal selbst überprüfen, ob alle erforderlichen Elemente eingeführt sind und nichts vergessen wurde. Dies machen Sie am besten im Rahmen eines internen Audits. Der nachfolgende Fragenkatalog gibt Ihnen Anhaltspunkte, welche Aspekte des Qualitätsmanagementsystems typischerweise bei einem Audit beleuchtet werden. Beantworten Sie ehrlich für jede Frage, ob Sie die Anforderungen heute bereits vollständig erfüllen oder ob Sie der Meinung sind, dass hier noch Handlungsbedarf besteht. Bitte beachten Sie, dass Handlungsbedarf auch dann bestehen kann, wenn Sie eine Frage mit „Ja" beantwortet haben, zum Beispiel wenn Sie Prozessabläufe zwar dokumentiert haben, Sie aber der Meinung sind, dass diese nochmals besprochen und gegebenenfalls überarbeitet werden sollten. Ebenso muss nicht unbedingt ein Handlungsbedarf gegeben sein, wenn Sie eine Frage mit „Nein" beantwortet haben. Dies ist beispielsweise bei Anforderungen, die für Ihr Unternehmen nicht zutreffend sind, der Fall.

Sie sollten sich zunächst folgende allgemeine Fragen stellen:

Allgemeine Fragen zum Beginn	ja	nein	Handlungsbedarf
Haben wir ein Qualitätsmanagementsystem eingeführt und arbeiten wir laufend daran, es weiter zu verbessern?			
Haben wir uns über die relevanten Prozesse Gedanken gemacht und diese im Qualitätsmanagementsystem dokumentiert?			
Haben wir für diese Prozesse die Abfolge der Tätigkeiten und ihre Wechselwirkung analysiert? Ist das schriftlich dokumentiert?			
Beherrschen wir unsere Prozesse und können wir diese wirksam anhand festgelegter Kriterien managen?			
Können wir die Leistung unserer Prozesse in angemessener Weise überwachen? Sind hierzu geeignete Merkmale definiert, die gemessen und analysiert werden können?			
Haben wir Ziele definiert, die erreicht werden sollen, und messen wir diese Zielerreichung auch? Wenn es Abweichungen gibt, treffen wir dann Maßnahmen zur Zielerreichung? Arbeiten wir an einer ständigen Prozessverbesserung?			
Stellen wir alle für die Arbeit erforderlichen Ressourcen und Informationen bereit?			
Ist unsere Beschreibung und Dokumentation der Prozesse mit den Vorgaben der DIN EN ISO 9001:2008 konform?			
Werden auch alle ausgegliederten Prozesse, die zum Beispiel von externen Dienstleistern erbracht werden, durch unser Qualitätsmanagementsystem abgebildet und gelenkt?			

Danach beschäftigen Sie sich mit den Fragen zu den allgemeinen Normkapiteln und den Anforderungen an die Dokumentationen im Qualitätsmanagementhandbuch:

Fragen zu Norm und Qualitätsmanagementhandbuch	ja	nein	Handlungs-bedarf
Haben wir ein Qualitätsmanagementhandbuch, das Aussagen zu unserer Qualitätspolitik und zu den (messbaren) Qualitätszielen, die erreicht werden sollen, enthält?			
Ist unser Qualitätsmanagementsystem allen Mitarbeitern bekannt – wenigstens in den Teilen, die sie betreffen? Haben die Mitarbeiter die Kenntnisnahme bestätigt?			
Ist im Qualitätsmanagementhandbuch ein sogenannter „Änderungsdienst" enthalten, in dem man auf einen Blick sehen kann, wann welche Teile des Qualitätsmanagementhandbuchs aktualisiert oder geändert wurden?			

Die nächste Gruppe von Fragen beschäftigt sich mit der sogenannten „Lenkung der Dokumente". Es soll sichergestellt werden, dass alle immer nur mit aktuellen Dokumenten und Vorlagen arbeiten und veraltete Muster geordnet „aus dem Verkehr gezogen" werden. Hier sollte es ein dokumentiertes Verfahren bezüglich der folgenden Fragen geben:

Fragen zur „Lenkung von Dokumenten"	ja	nein	Handlungs-bedarf
Wird ein neues Dokument vor der Veröffentlichung immer genehmigt beziehungsweise freigegeben?			
Werden verwendete Dokumente und Vorlagen laufend überprüft, aktualisiert und bei Bedarf nach einer notwendigen Änderung erneut genehmigt?			
Sind Änderungen stets nachvollziehbar gemacht und ist der aktuelle Versionsstand immer transparent?			

	ja	nein	Handlungs-bedarf
Ist sichergestellt, dass die aktuellen Dokumente immer dort verfügbar sind, wo sie benötigt werden?			
Werden nicht mehr aktuelle Dokumente gekennzeichnet oder vernichtet, um eine versehentliche Verwendung zu verhindern?			

Das Gleiche gilt für dokumentierte Verfahren bezüglich benötigten produkt-, prozessbezogenen und übergreifend vorhandenen Aufzeichnungen:

Fragen zu produkt- und prozessbezogenen Aufzeichnungen	ja	nein	Handlungs-bedarf
Werden bei uns die produkt- und prozessbezogenen Aufzeichnungen gelenkt, das heißt, gibt es ein dokumentiertes Verfahren bezüglich Kennzeichnung, Aufbewahrung(sfrist), Schutz, Wiederauffindbarkeit?			

Auch bezüglich der Verantwortung der Leitung sind einige Fragen hinsichtlich Selbstverpflichtung der Leitung, Kundenorientierung, Planung und Qualitätspolitik zu beantworten:

Fragen zur Verantwortung der Leitung	ja	nein	Handlungs-bedarf
Haben wir einen Nachweis der Verpflichtung der obersten Leitung auf das eingeführte Qualitätsmanagementsystem und zur Unterstützung der ständigen Verbesserung des Qualitätsmanagementsystems?			
Umfasst diese Verpflichtung auch die Ermittlung und Beurteilung der Erfüllung der Kundenanforderungen?			
Ist die oberste Leitung dafür verantwortlich, dass die Bedeutung der Erfüllung der Vorgaben des Qualitätsmanagementsystems innerhalb der Organisation vermittelt wird?			

	ja	nein	Handlungs-bedarf
Haben wir eine schriftlich fixierte Qualitätspolitik mit Festlegung von messbaren Qualitätszielen? Ist der Aufwand für unser Unternehmen angemessen?			
Führen wir in definierten Zeitabständen eine Managementbewertung durch, die die Wirksamkeit und Effizienz des Qualitätsmanagementsystems beurteilt?			
Können wir belegen, dass das Qualitätsmanagementsystem einen Beitrag zum Erfolg unseres Unternehmens liefert?			
Wird unsere Qualitätspolitik heute bereits im gesamten Unternehmen gelebt und verstanden?			
Ist auch nach Änderungen an Strukturen oder Abläufen die Funktionsfähigkeit unseres Qualitätsmanagementsystems gewährleistet?			

Es muss immer eindeutig geregelt sein, wer wann welche Tätigkeit ausführt und wer die Verantwortung für die korrekte Erledigung und das Arbeitsergebnis trägt. Daher müssen auch Fragen zu Befugnis, Verantwortung und Kommunikation von der obersten Leitung geregelt werden:

Fragen zu Befugnis, Verantwortung und Kommunikation	ja	nein	Handlungs-bedarf
Sind Verantwortungen, Befugnisse und Wechselbeziehungen der einzelnen Stellen innerhalb des Unternehmens definiert, analysiert und kommuniziert?			
Wurde ein Qualitätsmanagementbeauftragter bestellt, der sich um die Einführung, Verwirklichung und Aufrechterhaltung des Qualitätsmanagementsystems kümmert, an die oberste Leitung berichtet und notwendige Verbesserungen initiiert und die Kundenorientierung innerhalb der Organisation fördert?			

	ja	nein	Handlungs-bedarf
Haben wir angemessene Kommunikationsprozesse innerhalb unseres Unternehmens und unterstützen wir diese zum Beispiel durch Teambesprechungen, Informationen auf dem „schwarzen Brett", per Rund-E-Mail, Beiträge im Intranet, institutionalisierte Verbesserungsvorschläge oder durch die Berücksichtigung des Feedbacks aus Mitarbeiterbefragungen?			
Wird die Wirksamkeit unseres Qualitätsmanagementsystems auch kommuniziert, zum Beispiel durch die Veröffentlichung der Erreichung von Qualitätszielen und der Ergebnisse der Umsetzung von realisierten Mitarbeitervorschlägen wie auch durch das Aussprechen von Anerkennung und Lob für das Erreichte?			

Auch die Bewertung der Wirksamkeit des eingeführten Managementsystems fällt in den Aufgabenbereich der obersten Leitung. Hier sind folgende Fragen zu stellen:

Fragen zur Wirksamkeit des Managementsystems	ja	nein	Handlungs-bedarf
Findet eine geplante Bewertung des Qualitätsmanagementsystems statt, das die Eignung, Angemessenheit und Wirksamkeit überprüft?			
Werden Verbesserungsmöglichkeiten des Qualitätsmanagementsystems analysiert und Qualitätspolitik und Qualitätsziele laufend aktualisiert?			
Enthält unsere Managementbewertung Informationen zu Audits und Selbstbewertungen, zur Zufriedenheit der Kunden, Korrektur- und Vorbeugungsmaßnahmen und Empfehlungen für Verbesserungen?			

Ebenso sind Fragen bezüglich des Managements von Ressourcen zu beantworten. Diese umfassen insbesondere die Bereiche „personelle Ressourcen", „Infrastruktur" und „Arbeitsumgebung":

Fragen zu personellen Ressourcen, Infrastruktur und Arbeitsumgebung	ja	nein	Handlungs-bedarf
Stellen wir alle notwendigen materiellen und immateriellen Ressourcen, wie zum Beispiel Finanzen, Technologie oder Wissen, zur Verfügung, die notwendig sind, um die Ziele des Unternehmens zu erreichen, an der ständigen Verbesserung des Qualitätsmanagementsystems zu arbeiten oder zur Erhöhung der Kundenzufriedenheit beizutragen?			
Werden unsere Mitarbeiter durch Ausbildung oder Schulung von Fertigkeiten und Erfahrungen optimal hinsichtlich der Erreichung der Unternehmensziele und Verbesserung der Effektivität und Effizienz des Betriebes gefördert?			
Werden notwendige Fähigkeiten unserer Mitarbeiter, zum Beispiel in Form einer Qualifikationsmatrix oder im Rahmen der Stellenbeschreibungen, ermittelt und dokumentiert?			
Wird der erforderliche Schulungsbedarf ermittelt und die Wirksamkeit durchgeführter Schulungen oder anderer entsprechender Maßnahmen beurteilt? Stimmen wir die Maßnahmen zur optimalen Förderung und Weiterentwicklung unserer Mitarbeiter mit diesen ab?			
Können wir sicher sein, dass alle Mitarbeiter die Notwendigkeit ihrer aktiven Mitgestaltung am eingeführten Qualitätsmanagement verinnerlicht haben und sich der Bedeutung ihres individuellen Beitrags für den Erfolg bewusst sind?			
Prüfen wir laufend die erforderliche Arbeitsumgebung bezüglich Arbeits- und Gesundheitsschutz, Arbeitsplatzergonomie, motivationsfördernder Gestaltung der Arbeitsplätze?			

Ein großer Fragenbereich bei internen und externen Audits beschäftigt sich mit der Realisierung der Produkte oder Dienstleistungen:

Fragen zur Realisierung der Produkte und Dienstleistungen	ja	nein	Handlungs-bedarf
Planen wir alle Prozesse, die sich auf die Entwicklung, Vorbereitung, Durchführung und Nachbetreuung der Produkte oder Dienstleistungen beziehen, Qualitätsziele, interne und externe Anforderungen, optimale Arbeitsabläufe, notwendige Dokumente, Unterlagen oder Ressourcen und unterstützende Hilfsmittel?			
Überwachen wir die Qualität unserer Produkte beziehungsweise Dienstleistungen umfassend?			
Haben wir überlegt, welche Aufzeichnungen erforderlich sind, um beherrschte Bedingungen und gute Qualität auch nachvollziehbar belegen zu können?			
Sind unsere Abläufe angemessen dokumentiert, zum Beispiel in Form eines Flussdiagramms mit Prozessbeschreibungen?			
Haben wir schriftlich dokumentiert, was der Kunde von uns und unseren Produkten oder Dienstleistungen erwartet?			
Haben wir uns ausreichend über gesetzliche und behördliche Anforderungen an unsere Produkte oder Dienstleistungen Gedanken gemacht?			
Haben wir Regelungen und Kommunikationswege mit dem Kunden etabliert, um auf Anfragen, Reklamationen oder Beschwerden angemessen reagieren zu können?			
Haben wir eine eigene Entwicklungsabteilung oder dürfen wir diesen Aspekt ausklammern?			
Haben wir Anforderungen an unsere Beschaffung definiert und überwachen wir deren Erfüllung?			

	ja	nein	Handlungs-bedarf
Wählen wir unsere Lieferanten anhand festgelegter Kriterien aus und beurteilen wir regelmäßig deren Leistungen, zum Beispiel Qualität der gelieferten Produkte, Preis-Leistungs-Verhältnis, Termintreue, Flexibilität, Umgang mit Beschwerden und Fehlern oder Service?			
Haben wir ein geeignetes System, um Fehler von „außen", sei es von Lieferanten oder Dritten, nachvollziehen zu können?			

Auch die Produktion oder Dienstleistungserbringung muss unter beherrschten Bedingungen erfolgen. Hier sollten Sie sich folgende Fragen zu Messmitteln und zum Umgang mit Fehlern stellen, damit gute Leistung kein Zufall ist:

Fragen zur eigenen Leistungserbringung	ja	nein	Handlungs-bedarf
Haben wir Qualitätsmerkmale unserer Leistungserbringung definiert, zum Beispiel Produktmerkmale, Terminzusagen, Wartezeiten?			
Haben wir Arbeitsanweisungen für störanfällige Arbeitsabläufe erarbeitet?			
Verwenden wir ausschließlich geeignete Ausrüstung?			
Haben und nutzen wir geeignete Prüfmittel?			
Stellen wir immer sicher, dass vor Erbringung der Leistung alle benötigten Einrichtungen und Materialien bereitstehen?			
Überprüfen wir auch Abläufe, die erst nach Erbringung der Dienstleistung beurteilt werden können, regelmäßig?			
Besitzen wir Regelungen bezüglich Bewertung und Genehmigung von Prozessen, Genehmigung der Ausrüstung, Qualifikation des Personals, Gebrauch festgelegter Methoden und Verfahren, anzufertigender Aufzeichnungen?			
Können wir verschiedene Aspekte der Leistungserbringung durch geeignete Aufzeichnungen auch rückwirkend nachvollziehen?			

	ja	nein	Handlungs-bedarf
Gehen wir mit Kundeneigentum sorgfältig und verantwortungsvoll um und kann dies jederzeit nachvollzogen werden?			
Wird Kundeneigentum gekennzeichnet? Erfolgt im Fall von Verlust, Beschädigung und Unbrauchbarkeit immer eine Meldung an den Kunden?			
Haben wir ein geeignetes Lagermanagement?			
Haben wir eine Übersicht über (geeichte) Mess- und Überwachungsmittel und die anstehenden Überprüfungen oder Wartungen?			

Um sicherzustellen, dass die Organisation und die Abläufe mit der Zeit immer besser werden, ist es notwendig, die Messung, Analyse und Verbesserung in den Strukturen des Unternehmens zu verankern. Hier sollten Sie sich folgende Fragen beantworten:

Fragen zu Messung, Analyse und Verbesserung	ja	nein	Handlungs-bedarf
Erreichen wir durch unser Qualitätsmanagementsystem und unsere Prüf-, Analyse- und Verbesserungsprozesse eine hohe Kundenzufriedenheit und eine geringe Reklamationsquote?			
Erfüllt unser Qualitätsmanagementsystem die Normen und ist dies durch ein erfolgreiches Audit oder eine Selbstbewertung belegbar?			
Arbeiten wir an ständigen Verbesserungen der Wirksamkeit des Qualitätsmanagementsystems, kontinuierlicher Verbesserung der Zufriedenheit der Kunden und der Qualitätsziele?			
Haben wir geeignete Messmethoden und Kennzahlen definiert, um diese auch tatsächlich mit messbaren Zahlen belegen zu können?			
Messen wir in festgelegten Zeitabständen die Zufriedenheit unserer Kunden, zum Beispiel mit Hilfe einer Kundenbefragung, und ist definiert, wie daraus ein weiterer Verbesserungsprozess angestoßen wird?			

	ja	nein	Handlungs-bedarf
Führen wir zu festgelegten Terminen interne und externe Audits durch? Nutzen wir dazu eine Auditplanung, die die gesamte Organisation abdeckt? Sind für diese Audits Kriterien, Umfang, Häufigkeit und Methoden definiert?			
Setzen wir die erkannten notwendigen Korrekturmaßnahmen zur Fehlerbeseitigung zeitnah um? Ist dies nachvollziehbar dokumentiert?			

Eingangs wurde bereits auf die Notwendigkeit einer „Fehlerkultur" in der Organisation ausführlich hingewiesen. Bei internen wie externen Audits sollte auch dieser Aspekt hinterfragt werden:

Fragen zum Umgang mit Fehlern und Verbesserungen	ja	nein	Handlungs-bedarf
Haben wir uns die Fehlerarten und typischerweise auftretende Fehler bewusst gemacht?			
Besitzen wir eine Methodik zur Dokumentation von Fehlern einschließlich einer Regelung der Verantwortlichkeit?			
Haben wir ein standardisiertes Vorgehen, wie mit festgestellten Fehlern umgegangen werden soll und wie diese beseitigt werden können?			
Erfolgt eine erneute Prüfung nachgebesserter fehlerhafter Produkte oder Dienstleistungen?			
Besitzen wir ein angemessenes, dokumentiertes Verfahren zur Fehlerbewertung (einschließlich Kundenbeschwerden), Ursachenermittlung und Beurteilung des Handlungsbedarfs, um ein erneutes Auftreten zu verhindern, sowie ein angemessenes, dokumentiertes Verfahren Ermittlung und Verwirklichung der erforderlichen Maßnahmen, Ergebnisaufzeichnung und Bewertung des Erfolgs der Korrekturmaßnahmen?			
Ergreifen wir angemessene Vorbeugungsmaßnahmen, die das Auftreten von möglichen Fehlern schon im Vorfeld verhindern sollen?			

Haben wir ein dokumentiertes Verfahren zur Ermittlung potenzieller Fehler und ihrer Ursachen sowie zur Beurteilung des Handlungsbedarfs, um ein Auftreten zu verhindern, sowie ein dokumentiertes Verfahren zur Ermittlung und Verwirklichung der erforderlichen Maßnahmen, Ergebnisaufzeichnungen und Bewertung der Vorbeugungsmaßnahmen?			

Wenn Sie – vielleicht auch nach ein paar Korrekturrunden – alle Fragen schließlich ruhigen Gewissens mit „Ja" beantworten können, sind Sie gut gerüstet für das kommende Audit. Als Beleg dafür, dass Ihr Qualitätsmanagementsystem den Anforderungen der DIN EN ISO 9001 genügt und in Ihrem Unternehmen angemessen umgesetzt ist, erhalten Sie ein Zertifikat.

Abbildung 17: Muster eines Zertifikats des IQM e.V.

69

Ein Zertifikat sagt nichts aus über die tatsächliche Qualität des Produkts oder der Dienstleistung

Ein derartiges Zertifikat bescheinigt durch einen neutralen, unabhängigen Prüfer lediglich, dass das Unternehmen in geeigneter Weise ein Qualitätsmanagementsystem eingeführt hat, das konform zu den Vorgaben der DIN EN ISO 9001 ist. Es kann nur bescheinigen, dass die geforderten Elemente vorhanden sind und damit viele Voraussetzungen für gute Produkte oder Dienstleistungen geschaffen wurden. Es ist aber kein „Qualitätssiegel", mit dem man behaupten könnte, dass nun alle Produkte oder Dienstleistungen selbst absolut fehlerfrei wären. Wer so etwas sicherstellen will, muss sich weitergehend mit Themen wie Qualitätssicherung und Endkontrolle beschäftigen oder, wie in Kapitel 7 beschrieben, höhere Stufen des Qualitätsmanagements anstreben.

Die Gültigkeit einer Zertifizierung ist dabei durch die Vorgaben der Norm auf 3 Jahre beschränkt. Danach verliert das Zertifikat seine Gültigkeit und muss im Rahmen eines sogenannten Wiederholungsaudits, auch Re-Audit genannt, durch eine neue Prüfung des Qualitätsmanagementsystems erneuert werden. Je nach Zertifizierungsgesellschaft können Zwischenaudits durch den externen Auditor vorgeschrieben sein. Sie sollten aber auf jeden Fall selbst jährlich interne Audits und die oben beschriebene Managementbewertung durchführen.

7. Exzellenzmodelle – der nächste Schritt zur Spitzenleistung

Andre M. Schmutte

7.1 Streben nach langfristigem Geschäftserfolg

Häufig sind gesetzliche Regelungen oder explizite Forderungen von Kundenseite der Grund für die Einführung von Qualitätsmanagement. Die Erfüllung externer Forderungen greift aber viel zu kurz. Denn der wirkliche Nutzen von Qualitätsmanagement liegt in der nachhaltigen Stärkung der Wettbewerbsfähigkeit. Wenn Sie gegenüber den Wettbewerbern Vorteile in den Strukturen und Abläufen haben, gewinnen Sie mehr Kunden und erzielen auch finanziell bessere Ergebnisse. Deshalb suchen erfolgreiche Unternehmen immer wieder nach Verbesserungsmöglichkeiten. Für den langfristigen Geschäftserfolg verfolgen sie eine nachhaltige Unternehmensentwicklung und verbessern kontinuierlich ihre Produkte, Dienstleistungen und Prozesse, um den Kundennutzen zu steigern und Fehlleistungskosten zu senken.

Exzellenzmodelle sind ein bewährtes Leitbild, das Ihnen dabei helfen kann. Sie bilden die erfolgskritischen Handlungsfelder für Organisationen ab, die nach unternehmerischen Bestleistungen streben. Nach den Vorbildern vor allem in den USA (Baldrige Performance Excellence Program) und Japan (Deming-Preis) etablierte sich in den achtziger Jahren in Europa die European Foundation for Quality Management (EFQM) als treibende Kraft für nachhaltige Exzellenz. Ziel ist es, die Wettbewerbsfähigkeit der heimischen Unternehmen und ihre Position am Weltmarkt zu stärken.

Exzellenzmodelle sind zum einen ein Diagnoseinstrument, mit dem Unternehmen die Stärken und Schwächen ihrer Organisation identifizieren und den aktuellen Reifegrad der Organisation abbilden. Und zum anderen helfen sie bei der Ableitung von Verbesserungsmaßnahmen und ermöglichen die Messung der Veränderungen – immer mit dem Ziel, Wettbewerbsvorteile zu erreichen. Sir Peter Bonfield, der frühere Vorstandsvorsitzende der BT British Telecommunications, hat den Sinn solcher Exzellenzmodelle einmal trefflich auf den Punkt gebracht: „Man kann die Lage eines Unternehmens nicht anhand von Gewinn und Verlust beurteilen, denn dies sind im wesentlichen Messgrößen für die Ergebnisse eines Jahres, welche auf Entscheidungen zurückgehen, die Jahre vorher getroffen wurden. Man braucht etwas, was einem sagt ‚Wenn Du das tust, wirst Du langfristig Erfolg haben'. Und genau das tut das Modell."

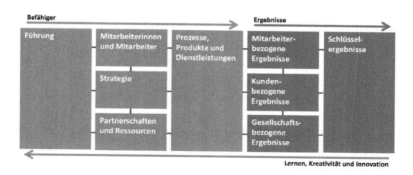

Abbildung 18: Das EFQM Exzellenzmodell
Quelle: EFQM 2012, S. 17

Wie in der Abbildung zu sehen ist, umfasst das Exzellenzmodell der EFQM neun Kriterien. Fünf so genannte „Befähiger-Kriterien" setzen sich mit den Vorgehensweisen auseinander, mit den Mitteln und Wegen, die eine Organisation nutzt, um ihre Ziele zu erreichen. Sie beruhen auf der Erkenntnis, dass ihr Zusammenspiel die Unternehmen profitabel macht und nachhaltiges Wachstum sichert. Sie resultieren in vier Ergebniskriterien, die die konkreten Auswirkungen der Vorgehensweise erfassen. Die folgenden Stichworte geben einen Überblick über die Inhalte des Modells (vgl. EFQM 2012):

1.   Führung:
Exzellente Organisationen haben Führungskräfte, die die Zukunft konsequent gestalten und verwirklichen, als Vorbilder agieren und kontinuierlich Vertrauen schaffen. Sie sind flexibel und ermöglichen der Organisation, vorausschauend zu agieren und rechtzeitig zu reagieren, um anhaltenden Erfolg zu gewährleisten.

2.   Strategie:
Exzellente Organisationen verwirklichen ihre Mission und ihre Vision, indem sie eine auf die Interessengruppen ausgerichtete Strategie entwickeln. Um diese Strategie zu realisieren, werden Leitlinien, Pläne, Zielsetzungen und Prozesse entwickelt und umgesetzt.

3.   Mitarbeiterinnen und Mitarbeiter:
Exzellente Organisationen wertschätzen ihre Mitarbeiter und schaffen eine geeignete Kultur, um die Ziele für die Organisation und die Menschen zu erreichen. Sie entwickeln die Fähigkeiten ihrer Mitarbeiter und fördern Fairness und Gleichberechtigung. Sie erkennen Leistungen in einer Art an, die Menschen motiviert und sie in die Lage versetzt, ihr Können und Wissen zum Wohl der Organisation einzusetzen.

4.   Partnerschaften und Ressourcen:
Exzellente Organisationen planen und steuern externe Partnerschaften, Lieferanten und eigene Ressourcen, um die Strategie und Leitlinien sowie die wirkungsvolle Durchführung von Prozessen zu unterstützen. Sie gewährleisten, dass sie ihren Einfluss auf die Umwelt und die Gesellschaft wirksam steuern.

5. Prozesse, Produkte und Dienstleistungen:

Exzellente Organisationen entwerfen, managen und verbessern Prozesse, Produkte und Dienstleistungen, um Wertschöpfung für Kunden und andere Interessengruppen zu generieren.

6.–9. Mitarbeiter-, kunden-, gesellschaftsbezogene und Schlüsselergebnisse:

Exzellente Organisationen entwickeln ein Set von finanziellen und nicht-finanziellen Kennzahlen. Sie setzen klare Ziele, basierend auf den Anforderungen ihrer Interessengruppen wie auch im Einklang mit ihrer Strategie. Sie zeigen positive Trends über die letzten drei Jahre, kennen die zugrunde liegenden Ursachen und verstehen die Zusammenhänge. Sie antizipieren zukünftige Leistungen und Ergebnisse und verstehen, wie die Schlüsselergebnisse im Vergleich zu ähnlichen Organisationen liegen.

Diese neun Kriterien sind in weitere 32 Unterkriterien gegliedert, die sehr differenziert die Erfolgsfaktoren für Unternehmen darstellen. Das Modell wird damit zur Messlatte für die Leistungsfähigkeit des eigenen Unternehmens. Anhand des ausführlichen Kriterienkatalogs kann das Unternehmen systematisch die Stärken und Verbesserungspotenziale über alle erfolgskritischen Handlungsfelder ermitteln und konkrete Verbesserungsprojekte festlegen.

Eine solche Bewertung ist also der Einstieg in eine strukturierte Unternehmensentwicklung, in das Verbessern der Leistungsfähigkeit einer Organisation. Die Bewertung erfolgt meist im Rahmen von Workshops durch das Unternehmen selbst. Man spricht von so genannten Selbstbewertungen oder englisch Self-Assessments. Zwar macht es häufig Sinn, einen in der Methode erfahrenen Moderator und Coach mit an Bord zu holen, aber es ist nicht Sinn und Zweck, externe Berater die Arbeit machen zu lassen. Kein Auditor oder Prüfer soll ins Unternehmen kommen, um zu sagen, was ihm gefällt oder nicht. Die Führungskräfte und Mitarbeiter hinterfragen ihre Organisation selbstkritisch anhand der zur Verfügung stehenden Checklisten, wo sie anders und besser strukturieren und die Abläufe schneller und fehlerfreier gestalten können. Sie legen die Maßnahmen selbst fest, setzen sie systematisch um und suchen kontinuierlich nach weiteren Verbesserungsmöglichkeiten.

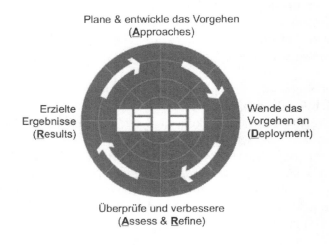

Plane & entwickle das Vorgehen
(Approaches)

Erzielte
Ergebnisse
(Results)

Wende das
Vorgehen an
(Deployment)

Überprüfe und verbessere
(Assess & Refine)

Abbildung 19: Das „RADAR"-Prinzip
Quelle: EFQM 2012, S. 49

7.2 Der EFQM Excellence Award – die höchste Auszeichnung für Organisationen in Europa

Um Erfolge sichtbar anzuerkennen und zu fördern, vergibt die EFQM seit 1992 den European Excellence Award, die höchste Auszeichnung dieser Art in Europa. In Deutschland können Unternehmen mit dem Ludwig-Erhard-Preis prämiert werden, der unter der Schirmherrschaft des Bundesministeriums für Wirtschaft und Technologie vergeben wird und der ebenfalls auf dem europäischen Exzellenzmodell der EFQM fußt (mehr zu diesen beiden Programmen und zu den Preisträgern siehe unter www.efqm.org und www.ilep.de). Außerdem gibt es zahlreiche weitere länder- und branchenspezifische Programme, die mit der gleichen oder einer ähnlichen Zielsetzung und Struktur nachhaltige Wettbewerbsfähigkeit fördern wollen.

Zu den prämierten Unternehmen gehören Profit- und Non-Profit-Organisationen, produzierende und Dienstleistungsunternehmen, große Konzerne wie auch kleine und mittelständische Unternehmen aus allen Branchen. Auszeichnungen gibt es dabei nicht nur für die besten Organisationen in Form des Excellence Awards. Auch Unternehmen, die erst auf dem Weg sind, können je nach ihrem Reifegrad eine internationale Anerkennung wie „Committed to Excellence" oder „Recognised for Excellence" erhalten. Damit honorieren die EFQM und die Ludwig-Erhard-Preis-Initiative die Fortschritte in der Unternehmensentwicklung, was einen überaus positiven Einfluss auf die Motivation der Mitarbeiter und auch auf die Wahrnehmung durch die Kunden hat.

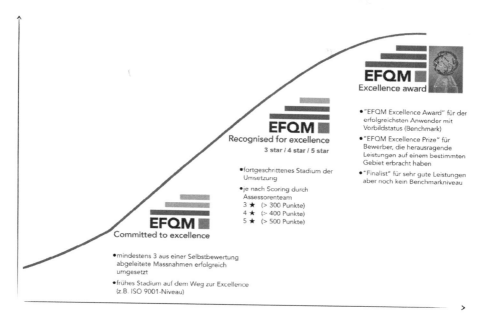

Abbildung 20: Auszeichnungen der EFQM auf den Stufen der Exzellenz
Quelle: vgl. Schmutte 2014a, S. 90

Für Unternehmer entscheidend bleibt aber der große unternehmerische Benefit, wie wir in Kapitel 2 gesehen haben: der Sprung in der Leistungs- und Wettbewerbsfähigkeit, der sich in harten Kennzahlen nachweisen lässt.

QUALITÄTSMANAGEMENT FÜR DIE HOTELLERIE

Klaus W. Jamin

Qualitätsmanagement umfasst, wie im ersten Teil des Buches bereits beschrieben, sehr viele Bereiche, die sich überwiegend mit den Themen Verwaltung, Organisation (Management) und Mitarbeiter- und Kundenzufriedenheit beschäftigen.

Um die Kundenzufriedenheit zu verbessern und um diese Verbesserung auch publik zu machen, gibt es eine Reihe von Möglichkeiten. Natürlich ist – gerade für die betrachtete Zielgruppe Hotel – einer der besten Ansprechpartner für Fragen zu diesem Thema der Deutsche Hotel- und Gaststättenverband. Dort gibt es eine Reihe von Qualitätssiegeln, die dem Gast zeigen sollen, welche Besonderheiten ein Hotel hat beziehungsweise welche besonderen Angebote es bietet. Denn aufgrund des vielfältigen Angebots an Gastgewerbeunternehmen genügen heutzutage den Gästen eines Hotels oder einer gastronomischen Einrichtung kaum noch der zuvorkommende und freundliche Service und eine gute Qualität. Ein Betrieb muss sich von den anderen abheben, indem beispielsweise eine besondere Auszeichnung nachgewiesen werden kann. Kunden legen vor allem Wert auf eine gute Qualität, von der Zubereitung der Gerichte, einem guten Preis-Leistungs-Verhältnis bis zu einem ausgezeichneten Service. Bestätigt wird ihnen dies durch ein Siegel oder eine Zertifizierung. Dieses hilft ihnen, bei der Vorauswahl unterschiedliche Merkmale der Betriebe für ihre Zwecke zu selektieren.

Dann gibt es viele verschiedene Gästetypen, wie beispielsweise Familien mit Kindern oder Menschen mit Behinderung, auch solche mit bestimmten Ansprüchen wie Umweltbewusstsein oder Fahrradfahr- beziehungsweise Wanderlust. Betriebe können sich auf bestimmte Zielgruppen spezialisieren und bei Erfüllung der Kriterien dieses besondere Angebot nach außen darstellen, indem sie sich beispielsweise vom Bayerischen Hotel- und Gaststättenverband DEHOGA und den regionalen Tourismusverbänden mit entsprechenden Qualitätssiegeln auszeichnen lassen.

Haben sich Gastgeber auf die diversen Bedürfnisse ihrer Gäste spezialisiert, können auch die zielgruppengerechten Angebote mit nachstehenden Qualitätssiegeln untermauert und die Marktposition gestärkt werden.

Abbildung 21: Qualitätssiegel 1
Quelle: DEHOGA Bayern e.V.

Abbildung 22: Qualitätssiegel 2
Quelle: DEHOGA Bayern e.V.

Vom Siegel zum Qualitätsmanagement

Ein Siegel für Servicequalität in Deutschland ist mittlerweile im Dienstleistungsbereich sehr bekannt. Die mit dem „Q" ausgezeichneten Betriebe werden für die immer stärker wachsenden Ansprüche ihrer Kunden sensibilisiert.

Abbildung 23: Siegel für Servicequalität
Quelle: DEHOGA Bayern e.V. 2014b

Dies ermöglicht es, besser auf die Bedürfnisse und Wünsche des Gastes einzugehen. Im Rahmen des Qualitätsmanagements werden für diese Auszeichnung die zertifizierten Betriebe ständig überprüft. Durch Kundenbefragungen und neutrale Tester wird nach Verbesserungschancen gesucht, die umgehend umgesetzt werden sollten. Um die Empfehlungen einzuhalten, werden für ein Hotel Maßnahmenpläne erstellt, deren Durchführung und Einhaltung durch eine unabhängige Prüfstelle gewährleistet werden. Zudem werden die Mitarbeiter in speziellen Schulungen auf Kundenanforderungen geschult, um somit perfekt vorbereitet zu sein, die Qualität nach innen und außen auszustrahlen.

Es folgen Vorschläge für drei Stufen zum optimalen Service:

Drei Stufen zum optimalen Service

Stufe I: Qualitätsgedanken setzen
– Der Qualitäts-Coach lernt in einem 1 1/2-tägigen Seminar die Grundlagen, Mittel und Ziele des Service-Qualitätsmanagements kennen und setzt sie im Unternehmen gemeinsam mit allen Mitarbeitern ein und um.
– Die Erwartungen der Kunden und die Serviceabläufe aus Kundensicht werden analysiert und bestimmt.
– Mit Hilfe von Qualitätsbausteinen werden Servicelücken geschlossen.

Stufe II: Qualität umfassend überprüfen und verbessern
– Der Qualitäts-Coach bildet sich zum Qualitäts-Trainer weiter und lernt so neue Wege kennen, das Qualitätsbewusstsein im Unternehmen objektiv zu prüfen, zu messen und weiter auszubauen.
– Das Unternehmen wird mit Hilfe von Kunden-, Mitarbeiter- und Führungskräftebefragungen sowie eines Mystery-Checks (verdeckte, heimliche Überprüfung, zum Beispiel der Freundlichkeit im Hotel) überprüft.

Stufe III: Einführung eines Total-Qualitymanagement-Systems (Verfahren zur Feststellung der Wirkungszusammenhänge in einem Unternehmen) Der Qualitäts-Trainer bildet sich zum Qualitäts-Manager weiter und beleuchtet im Anschluss das Unternehmen unter umfangreichen Aspekten.

Nicht nur der Hotel- und Gaststättenverband beschäftigt sich mit dem Thema Servicequalität. Der TÜV SÜD beispielsweise bezweifelt die Wirksamkeit von Servicebeurteilungen aus den weiter unten genannten Gründen. Er bezieht sich dabei auf eine spezielle DIN-Norm zur Service Excellence. Diese Norm umfasst folgende Aspekte:

- Excellence-Verantwortung der Geschäftsleitung,
- Excellenceorientierter Einsatz von Ressourcen,
- Vermeidung von Fehlern und Verschwendung,
- Erfassung relevanter Kundenerlebnisse,
- Entwicklung von Service-Innovationen,
- Messung der Kundenbegeisterung und deren Effekte,
- Wirtschaftlichkeitsanalyse der Maßnahmen zur Durchsetzung des Service-Excellence-Gedankens.

Die spezielle Norm setzt die Managementanforderungen ISO 9001 (Qualitätsmanagement) und ISO 10002 (Pro-aktives Beschwerdemanagement) voraus und basiert auf diesen (vgl. TÜV SÜD 2014a). Sie beschreibt, wie in Unternehmen (also natürlich auch in Hotels) Service-Excellence und Kundenbegeisterung gefördert werden können. Da diese Normen sehr allgemein sind, wird nicht erklärt, wie genau Ergebnisse der erbrachten Dienstleistungsqualität definiert, gemessen oder interpretiert werden sollen.

Somit ist die spezielle Norm kein zertifizierbarer Anforderungskatalog mit belastbaren, einheitlichen Kriterien, sondern ein handlungsbegleitender Leitfaden, der Orientierungshilfe verspricht. Entgegen den Trends im Zertifizierungsmarkt bietet die TÜV SÜD Management Service GmbH keine Zertifizierung gemäß dieser speziellen Norm an. Folgende Risiken erkennt dieser TÜV, da kein richtiger Kriterienkatalog zur Überprüfung vorhanden ist.

Fehlende Prüfgrundlage: Es gibt derzeit keine einheitlichen Standards, auf welcher Methodenbasis zertifiziert wird.

Fehlende Kommunikationsregeln: Die spezielle Norm enthält keine Kriterien, wie erteilte Zertifikate oder Prüfsiegel verwendet werden dürfen. Dies kann auf Seite von Kunden/Verbrauchern zu Missverständnissen führen.

Fehlende Transparenz: Inzwischen gibt es auf dem Markt eine Vielzahl von Service-Siegeln. Gäste im Hotel können allerdings nicht wissen, welche Kriterien bezüglich der speziellen Norm überprüft und wie bewertet werden. Der Gast kann also weder Aussagekraft noch Wert der Zertifizierung abschätzen oder gar beurteilen (Anmerkung des Verfassers: Das kann er bei den meisten anderen Siegeln auch nicht oder nur mit besonderen Maßnahmen).

Fehlende Vergleichbarkeit: Darüber hinaus ist keine Einordnung in den Markt der Prüfsiegel möglich, weil jeder Zertifizierer andere Maßstäbe anlegt.

Fehlende Internationalität: Die spezielle Norm ist auf den deutschen Markt ausgerichtet, was vor allem für international ausgerichtete Unternehmen eher kontraproduktiv sein kann. Der TÜV SÜD meint, dass diese spezielle Norm ein sinnvoller erster Impuls ist, das Servicequalitäts-Thema bewusster zu machen, meint aber auch, dass Studien zufolge erst zwei Prozent der deutschen Unternehmen die Kundenbegeisterung messen.

Fachleute allerdings prognostizieren für die kommenden Jahre einen immer größeren Wettbewerb im Hotelbereich und somit ist natürlich auch der Service betroffen. Daher ist unser Ratschlag, erst ein Qualitätsmanagement nach DIN EN ISO 9001 Normen einzuführen und dann später weitere Normen und Angebote zur Qualitätsverbesserung zu benutzen.

Im allgemeinen Qualitätsmanagement können und sollen möglichst viele positive Ziele verwirklicht werden, wie folgende Abbildung zeigt.

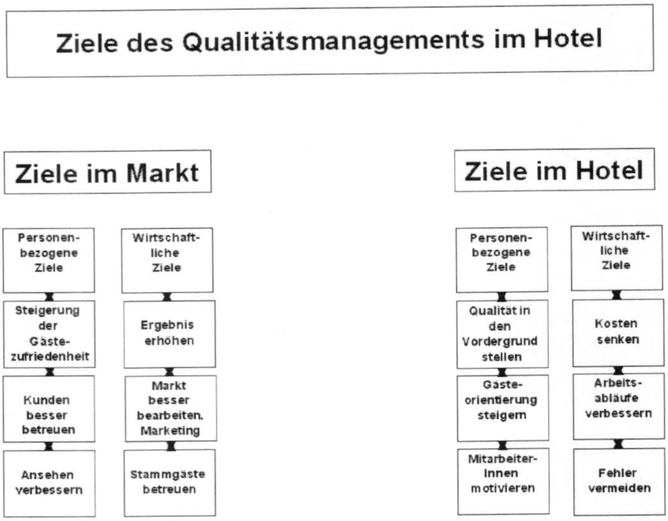

Ziele des Qualitätsmanagements im Hotel

Ziele im Markt		Ziele im Hotel	
Personen-bezogene Ziele	Wirtschaft-liche Ziele	Personen-bezogene Ziele	Wirtschaft-liche Ziele
Steigerung der Gäste-zufriedenheit	Ergebnis erhöhen	Qualität in den Vordergrund stellen	Kosten senken
Kunden besser betreuen	Markt besser bearbeiten, Marketing	Gäste-orientierung steigern	Arbeits-abläufe verbessern
Ansehen verbessern	Stammgäste betreuen	Mitarbeiter-Innen motivieren	Fehler vermeiden

Abbildung 24: Ziele des Qualitätsmanagements im Hotel

Hier noch einige Aussagen von Fachleuten zum Thema Qualität:

- „Alles Vortreffliche ist ebenso schwierig wie selten." Baruch de Spinoza (1632–1677), niederländischer Philosoph
- „Qualität beginnt damit, die Zufriedenheit des Kunden in den Mittelpunkt des Denkens zu stellen." John F. Akers, amerikanischer Manager
- „Über Qualität lässt sich trefflich streiten. Aber eines steht fest: Der Wurm muss dem Fisch schmecken und nicht dem Angler." Helmut Thoma, österreichischer Medienmanager

- „Gutes muss geplant werden, Schlechtes passiert von selbst." Philip B. Crosby (1926–2001), amerikanischer Qualitätsmanagement-Experte
- „Mit Qualität hat man immer Erfolg; leider funktioniert es manchmal ohne Qualität." Hanns-Joachim Friedrichs (1927–1995), deutscher Journalist
- „Es ist besser, Vollkommenheit anzupeilen und vorbei zu schießen, als auf Unvollkommenheit zu zielen und zu treffen." Thomas J. Watson jun. (1914–1993), amerikanischer Manager
- „Die Mittelmäßigen klopfen sich zu dem Zeitpunkt auf die Schulter, wo die Könner anfangen zu arbeiten." Matthias Scharlach, deutscher Personalmanager
- „Qualität besteht, wenn der Preis längst vergessen ist." Henry Royce (1863–1933), Mitbegründer von Rolls-Royce

Hinweis: Das folgende Handbuch stellt ein Beispiel dar. Es ist dazu gedacht, dem Hotelier die Erstellung eines Qualitätsmanagementhandbuchs zu erleichtern. Es schlägt beispielsweise die Reihenfolge der Abschnitte bei der Erstellung eines Handbuchs auf Basis der Normen vor. Die Normen sind jedoch kein Gesetz und können sehr individuell angepasst und als Basis für eine gute Organisation benutzt werden. Selbst eine Zertifizierung nach diesen Normen ist nicht nötig, wenn der Zweck der Normen, wie in den vorherigen Kapiteln beschrieben, erfüllt wird. Viele Hotelketten haben auch eigene Vorgehensweisen, Checklisten und Musterhandbücher, nach denen sie ihre Organisation aufbauen und die Prozesse leiten. Der folgende Text ist überwiegend für mittelständische Hotels gedacht und sollte an das jeweilige Hotel angepasst werden.

Qualitätsmanagementhandbuch

nach DIN EN ISO 9001:2008 (15)

des

Muster Hotels

Straße
Postleitzahl Ort
     Telefon:
     Telefax:
     E-Mail:
     Internet: www.

Abkürzungsverzeichnis

DIN = Deutsches Institut für Normung
e.V. = eingetragener Verein
EFQM = European Foundation for Quality Management
EN = Europäische Norm
ISO = International Organization for Standardization
PDCA = Plan-Do-Check-Act
QM = Qualitätsmanagement
QMB = Qualitätsmanagementbeauftragter
QMH = Qualitätsmanagementhandbuch
QMS = Qualitätsmanagementsystem
SGB = Sozialgesetzbuch
TQM = Total Quality Management
vgl. = vergleiche

Verbindlichkeitserklärung – Wir erklären dieses Handbuch für verbindlich

Mit diesem wichtigen Abschnitt beginnt das Qualitätsmanagementhandbuch. Eine Verbindlichkeitserklärung dient dazu sicherzustellen, dass alle Mitarbeiterinnen und Mitarbeiter dieses Handbuch beziehungsweise den sie betreffenden Text auch wirklich gelesen haben und danach handeln.

Dieses Qualitätsmanagementhandbuch beschreibt das Qualitätsmanagementsystem des Hotels Muster und ist für unsere MitarbeiterInnen bindend.

Wir möchten mit der Einführung des Qualitätsmanagementsystems in unserem Hotel unseren Gästen die Sicherheit eines geprüften, hochwertigen Qualitätsstandards bei unseren Dienstleistungen bieten.

Jede Mitarbeiterin und jeder Mitarbeiter ist daher aufgefordert, durch einen Beitrag zur Verwirklichung der beschriebenen Qualitätspolitik und der qualitätsrelevanten Unternehmensgrundsätze aktiv an der Erreichung dieses Ziels mitzuarbeiten.

Alle MitarbeiterInnen sollen bewusst mit dem Thema Qualität umgehen und aktiv zu der langfristigen und kontinuierlichen Verbesserung sowie der Weiterentwicklung des Qualitätsmanagementsystems beitragen. Sie sollen die Abläufe, auch Prozesse genannt, in unserem Hotel kennen und flexibel danach arbeiten. Nur so ist es möglich, ein aktuelles Qualitätsmanagementsystem aufzubauen und zu erhalten.

Das Handbuch liegt in einem Ordner im Büro aus und ist jederzeit für alle MitarbeiterInnen einsehbar. Es ist außerdem auf unserem zentralen Computer gespeichert.

Das vorliegende Handbuch des Hotels Muster wird hiermit in allen Bestandteilen freigegeben und ist mit sofortiger Wirkung für das ganze Unternehmen verbindlich.

München, den 15.10.2014

Otto Huber

(Direktor)

Inhaltsverzeichnis

1. Zweck des Handbuchs

Hier beschreibt das Hotelmanagement, warum ein Qualitätsmanagement eingeführt werden soll und was damit zu erreichen ist. Schreiben Sie hier nicht zu viel, sondern beschränken sie sich auf die wesentlichen Ziele, immer unter dem Aspekt der Kundenzufriedenheit.

Im Hotelbereich herrscht ein verstärkter Wettbewerb in allen Hotelkategorien, häufig auch aufgrund geplanter Hotelbauvorhaben und eines Überangebots an Zimmern, besonders in der Nähe von Ballungszentren. Anspruchsvoller werdende Gäste erhöhen den Druck auf die Hotellerie. Natürlich ist unser Hotel gut organisiert und die Verwaltungsabläufe sind eingefahren und allen bekannt. Es fehlte bisher jedoch eine schriftliche Dokumentation auf der Basis von international gültigen Normen. Daher hat sich unser Hotel, das Hotel Muster, dazu entschlossen, ein Qualitätsmanagementsystem zu entwickeln und einzuführen. Unsere klaren Ziele sind es, bewusster mit dem Thema Qualität umzugehen. Das Verhalten der Mitarbeiterinnen und Mitarbeiter soll sich kontinuierlich durch Analyse und Beobachtung verbessern, um somit dem Gast einen Service und eine Dienstleistung auf internationalem Niveau bieten zu können.

Dabei haben wir uns das Ziel gesetzt, mithilfe des Handbuchs keine zu feste Standardisierung von Arbeitsabläufen zu schaffen, damit die Kreativität unserer MitarbeiterInnen nicht eingeschränkt wird.

Im vorliegenden Qualitätsmanagement-Handbuch wird das Qualitätsmanagementsystem des Hotels Muster detailliert beschrieben und wichtige gästebezogene Abläufe werden übersichtlich dargestellt.

Das Handbuch bildet somit die Grundlage für die Zertifizierung nach DIN EN ISO 9001. Für die Einführung und die Einhaltung der Qualitätsstandards sowie die Bereitstellung der erforderlichen Ressourcen sind der Direktor, sowie der Qualitätsmanagementbeauftragte Herr Müller und alle MitarbeiterInnen verantwortlich.

2. Porträt des Unternehmens

Es ist immer gut, wenn in einem Handbuch die Entwicklungsgeschichte des Hotels in Kurzform dargestellt wird. Gerade neue MitarbeiterInnen möchten gern wissen, wie das Hotel entstanden ist und welche Ziele damals und heute verfolgt werden. Auch Änderungen, die im Laufe der Zeit vorgenommen wurden, wie beispielsweise am Gebäude, am Personaleinsatz oder an der Philosophie, sollten hier aufgenommen werden.

Das Hotel Muster ist ein 3-Sterne-Hotel und wurde 2014 eröffnet. Das Hotel verfügt über 120 Zimmer und 2 Suiten sowie über 3 Tagungs-, Bankett- und Konferenzräume mit einer Kapazität von bis zu 100 Personen. Außerdem verfügt das Hotel über ein Restaurant und eine Bar sowie einen Wellnessbereich mit Fitnessanlagen, wie beispielsweise Solarium, Sauna, und es gibt für die Gäste 100 Parkplätze.

Das Hotel befindet sich in ruhiger Lage mit guter Verkehrsanbindung in die Innenstadt. Als Zielgruppen wurden nationale Gäste, Tagungskunden und Geschäftsreisende definiert. Das Hotel Muster belegte einen guten Platz unter den Tagungshotels in Deutschland.

3. Wie das Handbuch eingesetzt werden soll

Für das Funktionieren des Qualitätsmanagements ist es wichtig, dass wirklich alle Mitarbeiterinnen und Mitarbeiter das Handbuch gelesen haben. Dabei muss nicht jedes Kapitel auswendig gelernt werden, sondern die MitarbeiterInnen sollen einen guten Überblick über die Zusammenhänge im Unternehmen haben und die sie betreffenden Kapitel natürlich verinnerlichen. Dazu gehört der folgende Text.

3.1 Umlaufbeleg

Alle Mitarbeiterinnen und Mitarbeiter sollen das Handbuch lesen!

Sie bestätigen mit Ihrer Unterschrift, dass Sie das Qualitätsmanagementhandbuch mit dessen Dokumenten zur Kenntnis genommen haben. Mit Ihrer Unterschrift verpflichten Sie sich außerdem, die Qualitätspolitik und -ziele unseres Hotels, die Wünsche unserer Gäste sowie alle behördlichen und gesetzlichen Forderungen in allen Abteilungen zu berücksichtigen.

Name	Position	Datum	Unterschrift
usw.			

3.2 Änderungsverzeichnis

Alle Änderungen, die nach Vorschlag des Qualitätsmanagementbeauftragten durch die Geschäftsleitung beziehungsweise den Direktor genehmigt wurden, sind in einer Tabelle zu dokumentieren. Sie werden in bestimmten Abständen in das Handbuch übertragen.

Datum	Kapitel und Änderung	Unterschrift QMB	Unterschrift Direktion
usw.			

Diese Änderungen müssen natürlich nicht jeden Tag, sondern gesammelt und dann nach einiger Zeit übertragen werden.

4. Qualitätsmanagementsystem in der Hotelorganisation – Anwendungsbereich

Viele Hotels haben ein Qualitätsmanagement. Oft ist es die Vorgabe von großen Hotelketten, die maßgeschneidert für einen bestimmten Hoteltyp passt, jedoch nicht ohne Weiteres auf mittelständische Hotels übertragbar ist. Auch die ISO-Normen sind anzupassen. Dabei sind sie jedoch so flexibel, dass sie durch den Mittelstand gut anwendbar sind. Sie geben dem Hotel bei entsprechender Anwendung eine klare Struktur, fordern klare Stellenbeschreibungen und Prozessbeschreibungen, also Arbeitsabläufe, und erwarten eine regelmäßige Gäste- und Mitarbeiterbefragung. Welche Schwerpunkte ein Hotel setzen möchte, ist dem Management überlassen. **In der Überarbeitung der Normen für 2015 heißt es dazu:** Es geht um das Verstehen der internen und externen Angelegenheiten, der Anforderungen und Erwartungen relevanter, interessierter Parteien des Managementsystems und seines Anwendungsbereichs.

4.1 Allgemeine Hinweise

Das Qualitätsmanagementsystem in unserem Hotel ist mit dem Ziel entwickelt und dokumentiert worden, den Service- und Dienstleistungsstandard für die Gäste während des Aufenthalts im Hotel Muster zu verbessern. Das Handbuch ist in Anlehnung an die Gliederung der Norm DIN EN ISO 9001:2008 erstellt worden und umfasst folgende grundlegenden Punkte für ein erfolgreiches Management:

- **Allgemeine organisatorische Tätigkeiten.**
- **Managementtätigkeiten, also die Führung**, wie beispielsweise Verantwortung gegenüber Mensch und Material und Unternehmensplanung für die Zukunft.
- **Die Planung und Lenkung des Hotels** sind Bestandteil der Normen.
- **Unterstützung bei der Kommunikation und Information** gehören selbstverständlich auch dazu und zwar unter Beachtung des optimalen Einsatzes des Personals und der technischen Möglichkeiten.
- Wenn **Leistungsbewertung**, Messung der Ziele, eine Analyse und die anschließende Verbesserung geplant werden, kann die Bewertung der

Leistung und Überwachung durch ein internes Audit sowie durch die Managementbewertung zum Erfolg führen.

- Und natürlich auch die Und natürlich auch die **Verbesserung der Prozesse sowie die Zufriedenheit bei Kunden und MitarbeiterInnen.**

Diese Punkte sollen zwar den Vorschriften der internationalen Norm entsprechen, das Management muss sich aber nicht sklavisch an die Normen halten.

Für den Aufbau, die Dokumentation, die Verwirklichung und die Aufrechterhaltung des Qualitätsmanagements sind das Management, also im Hotel Muster Direktor Huber, und der Qualitätsmanagementbeauftragte Herr Müller verantwortlich.

4.2 Dokumentationsanforderungen

In den im Folgenden dargestellten Dokumentationsanforderungen werden die Dokumente beschrieben, die unser Qualitätsmanagementsystem umfasst.

4.2.1 Allgemeines

In einem auf unseren Computern gespeicherten und auch ausgedruckt vorliegenden Qualitätsmanagementhandbuch dokumentieren wir unser Qualitätsmanagementsystem. Das Handbuch enthält unsere Qualitätspolitik, unsere Ziele und zusätzlich die sogenannten mitgeltenden Unterlagen, also alle Unterlagen, durch die das Handbuch zu umfangreich würde. Diese Unterlagen werden nur im Anhang in einer Tabelle aufgezählt und befinden sich in gesonderten Ordnern im Büro und/oder auf dem Computer. Diese Unterlagen sind, mit Ausnahme der personenbezogenen Unterlagen, von unseren MitarbeiterInnen jederzeit einzusehen.

4.2.2 Qualitätsmanagementhandbuch

Unser Qualitätsmanagementhandbuch ist ein weiterer Meilenstein in dem Bestreben, unsere Dienstleistung zu etwas Besonderem und Hochwertigem zu machen. Dieses Handbuch stellt das Qualitätsmanagement des Hotels Muster detailliert dar und dient den MitarbeiterInnen als Hilfsmittel, ihre Arbeitsvorgänge qualitativ zu gestalten. Mittels der Unterzeichnung der Verbindlichkeitserklärung durch den Direktor werden das Handbuch und die mitgeltenden Unterlagen für alle Abteilungen freigegeben. Das Qualitätsmanagementhandbuch wird in regelmäßigen Abständen durch den Qualitätsmanagementbeauftragten auf Aktualität und Anwenderfreundlichkeit überprüft. Bei Änderungs- und Verbesserungsvorschlägen muss das Handbuch von Zeit zu Zeit ergänzt werden.

4.2.3 Weitere Unterlagen, die für das Hotel wichtig sind – mitgeltende Unterlagen

Bei den oben genannten mitgeltenden Unterlagen handelt es sich um interne Formulare, Vorlagen und Checklisten, aber auch Ergebniszahlen und personenbezogene Daten. Diese werden in einer Dokumententabelle, die sich in den Anlagen befindet, aufgeführt.

4.2.4 Wohin mit den Dokumenten – Lenkung der Dokumente

Wo sind unsere Unterlagen, wo ist Formular xy? Das sind die Fragen, die im Hotel immer wieder gestellt werden. Da es in unserem Hotel eine Vielzahl verschiedener Dokumente in den verschiedenen Abteilungen gibt, sind die richtige Handhabung und die Einführung eines klaren Systems zur Lenkung der Dokumente innerhalb des Qualitätsmanagementsystems wichtig. Für die Lenkung der Dokumente ist der Qualitätsmanagementbeauftragte zuständig. Alle Dokumente sollen aktuell und fehlerfrei sowie leicht verständlich sein und dem jeweiligen Arbeitsplatz der verschiedenen Abteilungen zur Verfügung stehen. Die Herausgabe von neuen oder geänderten Dokumenten ist von der verantwortlichen Person vorher zu genehmigen. Alle MitarbeiterInnen sind für die ihnen überlassenen Dokumente selbst verantwortlich und sind dazu angehalten, sorgsam mit den Dokumenten umzugehen. Jeder Abteilung wird die Art und Weise der Ablage von Dokumenten freigestellt mit dem Ziel einer möglichst rationellen Dokumentenverwaltung. So verfügt jede Abteilung über eigene Ordner sowie Dateien auf der Festplatte. Elektronische Dokumente, die für alle MitarbeiterInnen zugänglich sein sollen, werden auf dem Serverlaufwerk unter „Dokumente – allgemein" gespeichert.

4.2.4.1 Weitere externe Dokumente

Zu den externen Dokumenten in unserem Hotel zählen unter anderem Gesetzestexte, Hygienevorschriften, Belehrungstexte, die Brandschutzverordnung, Arbeitsschutzvorschriften, Infektionsschutzvorschriften und Tarifverträge. Diese werden nur in Papierform in Ordnern im Schrank der Direktion abgelegt. Ein Exemplar der aushängepflichtigen Gesetze ist im Büro gut sichtbar über den Postfächern angebracht.

4.2.4.2 Dokumente zum täglichen Gebrauch – interne Dokumente

Interne Dokumente sind ein wichtiger Bestandteil unseres Qualitätsmanagementsystems. Sie umfassen unter anderem Checklisten, Formulare, Notfall- und Evakuierungspläne, Protokolle von internen und externen Audits und Auswertungen von Gäste- und Mitarbeiterbefragungen.

4.2.4.3 Gästebezogene Dokumente

Bei den gästebezogenen Dokumenten handelt es sich hauptsächlich um Meldescheine, Reservierungen, Kreditkartenabrechnungen und Gästefragebögen. Diese werden in physischer Form am Empfang, im Backoffice des Empfangs sowie in einem Lagerraum im Keller aufbewahrt. Bei diesen Dokumenten ist eine Aufbewahrungsfrist von zwischen sechs und zehn Jahren zu beachten.

4.2.4.4 Personaldokumente

Zu den Personaldokumenten zählen Bewerbungen, Arbeits- und Ausbildungsverträge, Lohnsteuerkarten und Lohnabrechnungen sowie Gesundheitszeugnisse. Die Personalakte wird in einer Mappe in Papierform in einem abschließbaren Schrank im Personalbüro aufbewahrt. Bewerbungen werden in Papierform ebenfalls dort gelagert. Dokumente, die die Auszubildenden betreffen, befinden sich in physischer Form im Schrank des Personalbüros.

4.2.4.5 Dokumente der Buchhaltung

Die Dokumente der Buchhaltung, wie Lieferscheine, Lieferantenrechnungen etc., werden kontiert und dem Steuerberater übergeben. Vorher werden sie zur Sicherheit kopiert und in den entsprechenden Buchhaltungsordnern gelagert.

4.2.5 Lenkung von Qualitätsaufzeichnungen

Die internen und externen Audit- und Prüfberichte werden im Ordner „Audit" gelagert. Auf dieses Audit wird im späteren Teil dieses Buchs noch genauer mit Beispielen eingegangen. Es ist jedoch jedem Unternehmer klar, dass Fehler, die in diesen Überprüfungen festgestellt werden, auch wenn sie selten auftreten, oft die teuersten Fehler sind, wie der Balken A in folgender Abbildung deutlich macht.

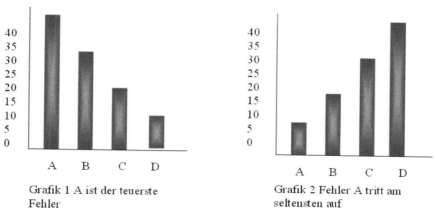

Grafik 1 A ist der teuerste Fehler

Grafik 2 Fehler A tritt am seltensten auf

Abbildung 25: Auswertung von Fehlern

4.2.6 Datenschutz und Datensicherheit

Nicht nur im Rahmen des Qualitätsmanagementsystems sind der Schutz und die Sicherung der Daten unserer Gäste und der MitarbeiterInnen von besonderer Bedeutung. Für den Datenschutz ist unser externer Datenschutzbeauftragter zuständig.

Nur nach vorheriger Genehmigung ist das Backoffice für Dritte zugänglich. Alle Schränke mit wichtigen Unterlagen sind verschließbar. Faxgeräte und Drucker befinden sich an Orten, zu denen nur MitarbeiterInnen Zugang haben, um auszuschließen, dass Dritte Zugriff auf eingehende Dokumente haben. Außerdem befindet sich ein Aktenvernichter im Backoffice, mit dessen Hilfe jede Abteilung selbstständig vertrauliche Daten vernichten kann. Die Gästekartei befindet sich hinter dem Empfangstresen, damit der Gast keine Einsicht auf persönliche Gästedaten erlangen kann. Weiterhin ist es untersagt, die Zimmernummer des

Gastes an Dritte weiterzugeben. Betriebsinterne Meetings finden in einem für die Gäste nicht zugänglichen Konferenzraum statt.

Der IT-Bereich und Schweigepflicht

Um Daten zu schützen, sind die Computer für den Gast nicht zugänglich. Der Bildschirm am Empfang ist so ausgerichtet, dass der Gast diesen nicht einsehen kann. Die Computer selbst und die darauf laufenden Softwareprogramme sind mit Passwörtern geschützt. Alle MitarbeiterInnen besitzen ein persönliches Passwort und melden sich bei Arbeitsbeginn an und bei Arbeitsende ab. Jede betriebsintern weitergegebene Datei, sei es auf CD oder USB-Stick, ist vor weiterer Nutzung auf den hierfür vorgesehenen speziellen Rechnern auf Virenbefall zu prüfen. Auch eingehende E-Mails werden von dem System auf Viren überprüft und im Notfall herausgefiltert. Das Kopieren von Programmen oder Dateien zur späteren privaten Nutzung oder das Mitnehmen von Datenträgern mit geschäftlichen Daten jeglicher Art ist untersagt. Ausnahmen von dieser Regel bedürfen der vorherigen schriftlichen Genehmigung durch die Direktion. Um unsere auf dem Server gespeicherten Daten vor einem eventuellen Datenverlust zu schützen, werden die Daten gesichert. Das geschieht durch ein permanentes Backup, sodass bei einem Ausfall des Servers oder eines Programms sofort ein Backup-Computer startet und mit diesem auch sofort ohne Verzögerung und ohne Neuinstallation weitergearbeitet werden kann. Am Abend werden die Daten auf einer Sicherungs-Festplatte zusätzlich gesichert.

Durch den Arbeitsvertrag und die Hausordnung verpflichten sich unsere MitarbeiterInnen ab Aufnahme ihrer Tätigkeit zur Schweigepflicht. Genauso wie wir die persönlichen Angelegenheiten vertraulich behandeln, erwarten wir auch von unseren MitarbeiterInnen, über Geschäftsvorgänge und Betriebsgeheimnisse gegenüber Dritten nichts verlauten zu lassen. Diese Verpflichtung erlischt auch nicht nach Beendigung des Arbeitsverhältnisses mit dem Hotel Muster. Die Bestimmungen des Bundesdatenschutzgesetzes gelten uneingeschränkt.

5.   Führung und Planung – Verantwortung der Leitung

Die Leitung eines Hotels verpflichtet sich zu ständiger Verbesserung, um einerseits die Kundenanforderungen zu erfüllen, andererseits die Qualitätspolitik und damit auch die Qualitätsziele festzulegen. Außerdem ist eine Bewertung durch das Management durchzuführen, die auch die Verfügbarkeit von Material und Personal umfasst.

5.1   Verpflichtung der Leitung

Im Qualitätsmanagementhandbuch legen wir unsere Unternehmensphilosophie im Rahmen einer Qualitätspolitik mit den dazugehörenden Qualitätsleitsätzen fest. Die Leitung des Hotels verpflichtet sich dazu, am Aufbau des Qualitätsmanagementsystems aktiv mitzuwirken, es zu entwickeln, verwirklichen und kontinuierlich weiterzuentwickeln und dabei alle MitarbeiterInnen verstärkt einzubeziehen.

5.2   Gästeorientierung

Wir führen regelmäßig schriftliche Gästebefragungen durch, in denen wir unseren Gästen die Möglichkeit bieten, unser Hotel zu beurteilen. (Beispiele dazu gibt es auch in einem späteren Kapitel dieses Handbuchs.) Um unseren Service noch besser an die individuellen Bedürfnisse unserer Gäste angleichen zu können und den wachsenden Anforderungen und Wünschen unserer Gäste entsprechen zu können, befragen wir sie regelmäßig. Mithilfe der Ergebnisse der Befragung wollen wir unserem Ziel, den Gästen einen bestmöglichen Service zu bieten und jedem Gast ein speziell zugeschnittenes Angebot anbieten zu können, näher kommen. Für uns und unser Team ist die Gästebefragung die ideale Voraussetzung, unser Serviceangebot an die Gästewünsche und Anforderungen anzupassen, zu verändern und zu erweitern mit dem Ziel, eine bestmögliche Gästezufriedenheit zu erreichen und langfristig Stammgäste zu gewinnen.

Viele Hotels meinen, mit einer einfachen Befragung nach dem Motto „Hat es ihnen bei uns gefallen oder nicht?" oder „Haben Sie Verbesserungsvorschläge"? usw. einer Gästebefragung Genüge getan zu haben. Das stimmt nicht. Große Hotels haben einen sehr umfangreichen Fragebogen und interessanterweise wird dieser auch relativ häufig ausgefüllt. Erst wenn das Management sehr individuelle, auf das Hotel bezogene Fragen stellt, kann es auch Probleme erkennen und Verbesserungsmaßnahmen sinnvoll verwirklichen.

Nachfolgend finden Sie ein Beispiel eines sehr einfachen Gästefragebogens. Das Muster sollte individuell ergänzt werden.

Anmerkung: Sie sollten auf keinen Fall nur drei oder vier Antwortmöglichkeiten zur Verfügung stellen. Hotels, die beispielsweise nur drei Möglichkeiten der Notenvergabe haben, zum Beispiel sehr gut, in Ordnung und schlecht, erhalten fast immer bis zu 90 % die Antwort „in Ordnung".

Logo des Hotels

Bitte nehmen Sie sich einen Moment Zeit, damit wir für Sie das Beste erreichen können. Kreuzen Sie die Kästchen nach Ihrem Empfinden an. Ihre Meinung ist uns wichtig!

1. Hotelkonzept

Schulnoten	1	2	3	4	5	Keine Meinung, Kommentar
Was halten Sie von unserem Hotelkonzept?	o	o	o	o	o	o

2. Fragen zu unserem Hotel

Schulnoten	1	2	3	4	5	Keine Meinung, Kommentar
Lage	o	o	o	o	o	o

Zufahrtmöglichkeiten	o	o	o	o	o	o
Kulturbereich	o	o	o	o	o	o
Preise	o	o	o	o	o	o
Ausstattung der Zimmer	o	o	o	o	o	o
Möglichkeiten, eine Konferenz durchzuführen	o	o	o	o	o	o
Eigene Fragestellungen einfügen	o	o	o	o	o	o

3. Haben Sie Wünsche und Anregungen, wie wir unsere Leistungen für Sie weiter verbessern können?

Datum: _____ Gast (freiwillig): _____

Vielen Dank für die Teilnahme! Sie können den Fragebogen selbstverständlich auch anonym beantworten.

Es fehlen bei diesem Fragebogen beispielsweise noch Fragen zur Rezeption, zur Unterkunft, wie zum Beispiel zur Sauberkeit der Zimmer, zum Restaurant und zur Küche, und wenn nötig, auch zum Unterhaltungs- und Fitnessbereich. Werden Sie unbedingt kreativ und stellen Sie den Gästen die Fragen, die Ihnen bei Ihrem Qualitätsmanagement weiterhelfen.

101

5.3   Qualitätspolitik

Für unser Hotel ist die hohe Qualität unserer Dienstleistungen von großer Bedeutung. Daher ist unsere Qualitätspolitik ein wichtiger Bestandteil unserer Unternehmenspolitik und bildet den Rahmen, unsere Ziele zu formulieren, festzulegen und zu bewerten. Unsere Qualitätspolitik besteht aus dem Unternehmensleitbild, den Qualitätsleitsätzen und den Qualitätszielen. Alle MitarbeiterInnen sollen unsere Qualitätspolitik verstehen können und in der Lage sein, sich mit dieser zu identifizieren. Die Qualitätspolitik muss regelmäßig von uns auf Aktualität und Anwendbarkeit überprüft werden.

5.3.1   Die Vision des Hotels

Die Vision des Hotels könnte umsatz- oder gewinnorientiert, auf den Deckungsbeitrag bezogen oder beispielsweise mengenorientiert sein. Das reicht heute aber nicht mehr aus, um Gäste langfristig zu gewinnen und zu halten. Die Vision sollte aus kurzen, leicht verständlichen und nicht aus umständlich formulierten Sätzen bestehen. Es reicht nicht, wenn das Hotel **das beste** sein möchte (es fehlen die Aussagen, an welchem Ort, bis wann?) und den Schwerpunkt auf Umsatz und Gewinn legt.

Hier eine Muster-Vision vom Schindlerhof, gekürzt (vgl. Schindlerhof 2014):

1. Der Schindlerhof will das Erlebnis ermöglichen. Unsere Gäste sollen nicht nur zufrieden, sie sollen begeistert sein. Freude, Harmonie und Freiheit sind das Werte-Fundament fürs tägliche Miteinander und fester Bestandteil unserer Unternehmens-Sinn-Vision.
2. Wir führen unser Unternehmen ehrlich, zuverlässig und fair.
3. Den hohen Ansprüchen unserer Gäste stellen wir uns ohne Einschränkung.
4. Wir erfüllen unsere gesellschaftliche und soziale Verpflichtung.
5. Wir bekennen uns zu unserer Umwelt-Verantwortung.
6. Wir verfolgen gemeinsame und gemeinsam erarbeitete Unternehmensziele.
7. Wir haben unser Unternehmen klar gegliedert und Verantwortungsbereiche abgesteckt.
8. Wir streben im Schindlerhof folgendes Image an: Wir bleiben jung, fröhlich, bieten Außergewöhnliches und Erstklassiges.

9. Wir erzielen einen Gewinn, der das Unternehmen finanziell weitestgehend unabhängig macht, ein Wachstum entsprechend den Unternehmenszielen ermöglicht, Arbeits- und Ausbildungsplätze sichert und neue schafft und somit langfristig Unternehmenserfolg verspricht.
10. Wir wollen Erfolg, denn: ohne Erfolg wenig Freude.

5.3.2 Unsere Ziele

Unser Ziel ist die kontinuierliche Qualitätsverbesserung, um unsere Gäste zufriedenzustellen. Durch die ständige Verbesserung und Erweiterung unseres Serviceangebots möchten wir mehr Gäste akquirieren und an uns binden. Eine höhere und beständige Belegungsrate erhöht unser betriebswirtschaftliches Ergebnis.

Die Zufriedenheit unserer Gäste steht daher für uns im Mittelpunkt, um unsere Wettbewerbsfähigkeit zu erhöhen. Zufriedene Gäste kehren wieder und empfehlen unser Haus weiter. Unser Wunsch, eine herausragende Position in der regionalen Hotellerie zu erarbeiten, lässt sich nur mit dem Engagement alle Mitarbeiterinnen und Mitarbeiter erreichen. Daher sind Teamgeist und das Engagement in der Gruppe bei uns besonders wichtig.

5.3.3 Qualitätsleitsätze und Qualitätspolitik

Wie bereits gesagt liegt uns die Zufriedenheit unserer MitarbeiterInnen am Herzen, denn nur zufriedene MitarbeiterInnen können den Gästen gegenüber freundlich und zuvorkommend auftreten. Unser Leitsatz lautet daher:

Wir sind gute Gastgeber, das Wohl der Gäste steht bei uns im Vordergrund.

Zu diesem Leitsatz gehören natürlich klar definierte Ziele, die auch messbar sind. Denn was bedeuten Ziele, wie beispielsweise *wir wollen mehr Gewinn machen* oder *wir wollen mehr Gäste betreuen*, wenn nicht festgestellt werden kann, was mit *mehr* mengenmäßig und messbar gemeint ist?

Bei der Zielfindung kann die folgende Tabelle hilfreich sein.

Unsere Ziele

Kurzbezeichnung: _____

Datum: _____

Genauere Beschreibung: _____
_____
_____
_____

wer ist verantwortlich: _____

Festlegung durch (Team/Projektgruppe usw.) _____

am: _____

Welche Ziele sind vorgegeben?
(mit genauen Angaben der messbaren Zielerreichung)

Ziel	Messkriterium
1	
2	
3	
4	

Wie sind diese Ziele zu erreichen? Teilziele?

1 _____
2 _____
3 _____
4 _____

Maßnahmen zu den Teilzielen	was	wer	verantwortlich	bis	Kontrolle durch
1					
2					
3					
4					

Unterschrift _____

Abbildung 26: Ziele

5.4 Planung von Maßnahmen zur Erkennung von Risiken und Chancen

Wenn die Gäste, besonders aber die Firmen, immer mehr Druck auf das Management ausüben, wenn wir im Hotel Veranstaltungen planen, sei es organisatorisch sei es auch kostenorientiert, dann ist es dringend angebracht, bestehende Organisationsstrukturen zu überdenken beziehungsweise zu optimieren. Durch die Einführung eines Qualitätsmanagementsystems wird Transparenz geschaffen. Transparente Abläufe und Zuständigkeiten erleichtern die Steuerung eines Unternehmens und bieten somit neue Chancen für unser Hotel

- bei der Erschließung neuer Absatzmärkte,
- bei der Senkung der Fehlerquote,
- bei der Früherkennung von Störungen und Verbesserungspotenzialen,
- bei der Optimierung der Gästegewinnung,
- bei der Sicherung der betrieblichen Abläufe bei Abwesenheit von Mitarbeitern etc.,
- durch die Nachweissicherheit (bessere Absicherung gegenüber Haftungsansprüchen und Gewährleistung),
- durch bessere Beherrschung von bisher eher ungeregelten Abläufen, wie zum Beispiel Arbeitssicherheit,
- bei der Überwachung technischer Einrichtungen,
- bei der Erfüllung gesetzlicher Forderungen und Richtlinien
- usw.

Aktivitäten innerhalb des Qualitätsmanagements sollten nicht ausschließlich von qualitätsbezogenen Kostenuntersuchungen bestimmt werden. Die wirtschaftliche Zielsetzung des guten Qualitätsmanagements lässt sich als Erkennen und Eliminieren der häufigsten Arten von Fehlern, von Verschwendung und schlechter Ressourcennutzung definieren. Die Rationalisierungsziele werden dadurch mit den Qualitätszielen verknüpft.

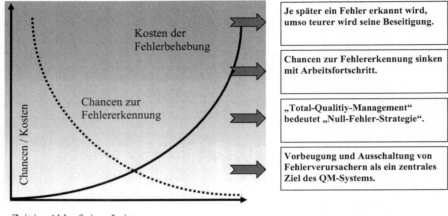

Abbildung 27: Chancen – Kosten

5.4.1   Unsere Wege zur Verwirklichung der Qualitätsziele

Einzigartigkeit:
Es ist unser vorrangiges Ziel, unsere Einzigartigkeit als Hotel mit internationalem Ansehen beizubehalten.

Flexibilität:
Kurze Entscheidungswege ermöglichen uns, Dinge möglichst kurzfristig zu erledigen und so schnell auf Gästewünsche reagieren zu können. Somit können wir eine hochwertige Servicequalität bieten.

Ertrag:
Unser Hotel kann nur dann langfristig erfolgreich sein, wenn es über genügend finanzielle Mittel verfügt. Daher ist es unser Anspruch, das betriebswirtschaftliche Ergebnis unserer Tätigkeit jedes Jahr zu steigern.

In einem anderen Hotel ist die Verwirklichung der Ziele differenzierter, immer unter der Voraussetzung, dass diese Ziele durch Vereinbarungen oder Vorgaben messbar gemacht werden, wie das folgende Beispiel zeigt.

- Steigerung der Gästezufriedenheit
- Steigerung der Gästebindung

106

- Schaffung einer Gästeorientierung
- Verbesserung des Images
- Erhöhung der MitarbeiterInnen-Zufriedenheit
- Motivation der MitarbeiterInnen
- Qualitätsorientierte MitarbeiterInnen
- Schaffung eines allgemeinen Qualitätsbewusstseins
- Verminderung der Anzahl der Fehler
- Schaffung von Marktbarrieren
- Gewinnsteigerung
- Steigerung des Marktanteils in der Region
- Erhöhung der Produktivität
- Optimierung der Arbeitsprozesse

5.4.2   Umsetzung der Wünsche der Gäste

Um Ziele zu erreichen, die entweder intern oder aber auch extern durch die Ergebnisse der Gästebefragung formuliert worden sind, müssen die entsprechenden Maßnahmen in regelmäßigen Besprechungen durchdacht und fest-

Abbildung 28: Schönes Hotel ...

107

gelegt werden. Üblicherweise werden in unserem Hotel sämtliche Gästevorschläge gewissenhaft analysiert, vor allem wenn sie häufiger auftreten. Sie werden ernst genommen, und eine Änderung wird, wenn es irgendwie machbar ist, durchgeführt.

Da beispielsweise von einer großen Zahl von Gästen das Aussehen unseres relativ neuen Gebäudes kritisiert wurde, haben wir die Fassade mit Farbe und einer besseren Verkleidung von Teilbereichen verschönert.

Der Eingangsbereich wurde ebenfalls von mehreren Gästen kritisiert, er wurde daraufhin mit Blumen und einer Sitzecke verschönert. Die Sauberkeit der Badezimmer wurde von fast 30 % der Gäste kritisiert. Das gab den Ausschlag, eine völlig neue Checkliste einzusetzen, die von einem Berater speziell für uns erarbeitet wurde.

Hier ein Beispiel für eine solche Checkliste, die von den MitarbeiterInnen beachtet werden soll.

- Sind in Ihrem Arbeitsbereich „kritische Kontrollpunkte"?
- Haben Sie eine Liste mit Mängeln, damit Wiederholungsfehler herausgefunden werden können?
- Was tun Sie, wenn Sie etwas falsch gemacht haben (QM-Beauftragter, Entscheidung, Ursache suchen – nicht Schuld verschieben)?
- Wie prüfen Sie, ob Sie alles richtig gemacht haben?
- Wer prüft?
- Wie ausgelastet sind Sie?
- Wirken die Arbeitsbedingungen qualitätsfördernd (Licht, Temperatur, Lärm)?
- Gibt es Checklisten für die Prüfung?
- Werden bestimmte Geräte (Leitern, Tritte, Wagen, Personen- und Lastenauszüge, Feuerlöscher, ortveränderliche elektrische Betriebsmittel) jährlich von einem Fachmann auf übermäßigen Verschleiß oder andere Mängel kontrolliert?
- Werden die Prüfungen dokumentiert?
- Befinden sich Aufkleber mit dem Datum der letzten Prüfung an den Geräten?
- Sind Ihre Prüfmittel in Ordnung?
- Setzen Sie nur gute Prüfmittel ein?

- Gibt es Maßnahmen zur Motivation in Hinsicht auf Qualitätsarbeit, Umweltschutz und Arbeitssicherheit, z.B. Leistungsnormen, Darstellung von Zielerreichungen, gemeinsame Unternehmungen, Anerkennungen?
- Was machen Sie, wenn Sie Ihre Meinung nicht ausreichend vertreten fühlen?
- Wann finden Ihre Fortbildungsmaßnahmen statt?
- Haben Sie regelmäßige Besprechungen?
- Sind Sie ausreichend versichert?

Im vorliegenden Falle wurde vor allen Dingen das Reinigungspersonal überprüft, denn wenn 30 % der Gäste das Badezimmer kritisieren, dann muss es sich um einen schwerwiegenden Fehler handeln.

Es wäre wünschenswert, wenn externe Reinigungsunternehmen zertifiziert wären.

Daher haben wir nur zertifizierte Unternehmen beauftragt – schon aufgrund der eventuellen Haftung. Kontrollen führt die Hausdame durch.

Beispiel zu einem Reinigungsablauf

Zimmer

1. Zimmer lüften.
2. Aschenbecher und Mülleimer entleeren.
3. Etagenwagen steht immer vor dem zu reinigenden Zimmer (Abstand zur Wand beachten!).
4. Zimmertüre beim Reinigen immer geöffnet lassen, Schlüssel niemals im Schloss stecken lassen. Er muss immer am Körper getragen werden!
5. Betten abziehen. Abgezogene Bettwäsche wie auch die benutzten Handtücher müssen sofort in den Abwurfschacht geworfen werden.
6. Betten beziehen.
7. Staubwischen im Bettbereich.
8. Abstauben im Uhrzeigersinn (trocken mit Microfasertuch).
9. Accessoires auffüllen (Schränke/Kleiderbügel, Schreibtisch/Utensilien, etc.).
10. Schäden am Inventar des Zimmers sofort der Hausdame melden!
11. Fundsachen bei der Hausdame abgeben!

Badezimmer	12. Badewanne reinigen.
	13. Dusche reinigen.
	14. Toilette reinigen.
	15. Spiegel und Accessoires, Waschbecken und zuletzt den Boden reinigen.
	16. Türe nach Reinigung offen lassen.
Abschließende Arbeiten	1. Fenster schließen.
	2. Boden reinigen.
Verhaltensregeln allgemein	– Vor Betreten des Zimmers muss immer angeklopft werden.
	– Mit „Housekeeping" melden und die Antwort des Gastes abwarten.
	– Erst dann darf das Zimmer aufgeschlossen werden.
	– Nochmals überprüfen, ob das Zimmer auch wirklich leer ist.
	– Vor Verlassen des Zimmers kontrollieren, ob das Zimmer in einem einwandfreien Zustand ist.
	– Dienstkleidung (verpflichtend, täglich frisch!), geschlossenes Schuhwerk.
	– Der Dienstausweis muss immer sichtbar getragen werden.
	– Gepflegtes Erscheinungsbild (tägliches Duschen, Männer immer rasiert).
	– Der Reinigungswagen ist immer nach Beenden der Arbeiten für den nächsten Tag vorzubereiten (schmutzige Reinigungsutensilien in der Putzkammer abgeben, Wagen auffüllen).
	– Nach Beendigung der Reinigungsarbeiten muss erst die Abnahme durch die Hausdame erfolgen. Zuvor darf der Arbeitsplatz nicht verlassen werden.
	– Reinigungswagen und -geräte dürfen sich nicht unmittelbar an den Wänden befinden.
	– Wäschekammern müssen immer verschlossen sein.
	– Benutztes Geschirr sowohl im Zimmer als auch auf den Gängen muss in die Küche getragen werden.

Arbeitszeiten	**Zimmerreinigung:**	Montag bis Samstag ab 8:00 Uhr Sonntagsdienst ab 9:00 Uhr
	Öffentlicher Bereich:	Alle Arbeiten müssen bis 7:00 Uhr abgeschlossen sein!

5.5 Verantwortung, Befugnis und Kommunikation

5.5.1 Organisation und Funktionen

Die folgende Abbildung zeigt die Organisation unseres Hotels Muster. (Es ist dabei zu beachten, dass bei den Prozessen und Stellenbeschreibungen in diesem Buch auch Beispiele aus anderen Hotels gezeigt werden.)

In das Organigramm sollten nur die wichtigsten Stellen aufgenommen werden. Das bedeutet, alle Tätigkeiten unter einer Leitungsstelle entfallen, um einen besseren Überblick zu gewährleisten. Außerdem sollten sämtliche im Organigramm dargestellten Positionen auch beschrieben werden. Die später dargestellten Stellenbeschreibungen sind also nicht vollständig.

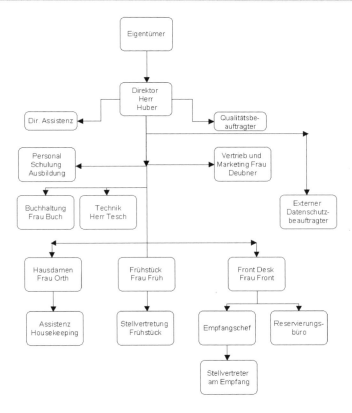

Abbildung 29: Organisation

5.5.2 Sonderfunktion des Qualitätsmanagementbeauftragten

Zur Erfüllung und Sicherung der Anforderungen an das Qualitätsmanagement-system nach DIN ISO 9001:2008 wurde Herr Müller schriftlich zum Qualitäts-managementbeauftragten benannt. Die weiteren Aufgaben sind in seiner Stellenbeschreibung ausführlich dargestellt. Da es sich um eine Stabsstelle handelt, können Probleme aufgrund der nicht vorhandenen Weisungsbefugnis entstehen. Falls diese nicht intern gelöst werden, entscheidet der Direktor.

Wie bereits aus dem Organigramm zu erkennen ist, hat der Qualitätsbeauf-tragte in unserem Hotel eine Sonderfunktion als Stabsstelle (ovaler Kasten). Oft haben Qualitätsbeauftragte auch zwei oder mehrere Aufgaben, wie zum Beispiel die des Einkaufs, Verkaufs oder Verwaltungstätigkeiten. In großen Hotels ist die Position des Qualitätsbeauftragten eine Vollzeitbe-schäftigung.

5.5.3 Kommunikationsmanagement

Ein gut funktionierendes Kommunikationsmanagement ist für ein komplexes Unternehmen, wie das Hotel Muster, von großer Bedeutung. Es ist uns wichtig, Informationen schnell und gezielt an die jeweiligen externen und internen zuständigen MitarbeiterInnen weiterzuleiten und dadurch flexibel und reakti-onsschnell handeln zu können.

5.5.3.1 Interne Kommunikation

Um einen guten internen Informationsaustausch, eine Vertiefung des Zusam-menhalts der MitarbeiterInnen und die Einhaltung der Qualitätsstandards zu gewährleisten, finden regelmäßig wöchentliche Besprechungen mit den Be-troffenen oder den wichtigsten MitarbeiterInnen statt. Im zweiwöchentlichen Abteilungsleitertreffen werden organisatorische Aufgaben und Veränderungen, Arbeitspläne, aber auch die besonders wichtigen Unternehmensergebnisse zur Steuerung der entsprechenden Abteilung und des gesamten Unternehmens be-kannt gegeben. Mithilfe des hausinternen SMS-Systems können die Mitarbei-terinnen und Mitarbeiter jederzeit (über einen entsprechenden Signalton) er-reicht werden.

5.5.3.2 Externe Kommunikation

Es gibt verschiedene Wege, mit unseren uns bekannten und zukünftigen Gästen zu kommunizieren. Heute ist das wichtigste Marketinginstrument die Homepage. Besonders wichtig ist es aber auch, in den entsprechenden Hotelanbieter-Portalen vertreten zu sein, denn wir scheuen keinen Qualitäts- oder Preisvergleich.

Auf interessante Veranstaltungen und auf den Brunch (einmal im Monat) machen wir über Flyer und Werbeaufsteller, die wir im Hotel auslegen und aufstellen, aufmerksam.

In der Öffentlichkeit präsentieren wir uns durch das Sponsoring verschiedener Vereine und Sportveranstaltungen, besonders im Winter. Messen sind für uns sehr wichtig sowie Fachseminare, auf denen wir unser Managementwissen vertiefen können.

Für uns ist ein freundliches, entgegenkommendes Verhalten gegenüber allen Menschen selbstverständlich. Wenn wir beispielsweise extern angerufen werden, und selbst wenn es nicht ein Gast, sondern ein Einkäufer, Verkäufer, Nachbar oder ein Taxiunternehmen ist, wird diese Kommunikation immer in einem freundlichen und professionellen Ton verlaufen.

6. Was uns unterstützt – das Management von Ressourcen

Bei den Ressourcen geht es einerseits um Geräteausstattung, aber auch um räumliche Ausstattung, wie die Einrichtung, um die physikalischen und ökologischen Aspekte, wie Beleuchtung, Lärm, Temperatur, Feuchtigkeit, ja sogar um das Wetter. Andererseits geht es um das Personal. Das Überprüfen dieser Bereiche gehörte teilweise zum Sternesystem und wird daher von den Normen ISO 9001 viel zu wenig beachtet.

6.1   Arbeitsumgebung und Infrastruktur

Mehr als 80 % der Aufgaben in einem Hotel werden durch Menschen erbracht, der Rest mit Hilfe von technischen Hilfsmitteln wie Staubsauger, Küchengeräten usw. Es ist uns daher besonders wichtig, dass die MitarbeiterInnen gern zusammenarbeiten. Gerade in der letzten Zeit wurde in Zeitungen viel über Mobbing, hohen Personalwechsel und Gesundheitsmanagement geschrieben. Nur in einer angenehmen Arbeitsatmosphäre und -umgebung können MitarbeiterInnen professionell und kreativ arbeiten. Nur ein optimal gestaltetes und gut ausgestattetes Arbeitsumfeld wirkt sich positiv auf die Leistung und Motivation der MitarbeiterInnen aus, lässt sie produktiver arbeiten und steigert somit die Gästezufriedenheit.

Daher sind in unserem Hotel die Arbeitsplätze mit allen nötigen Hilfsmitteln und Geräten in ausreichendem Maße ausgestattet. Alle Computer der jeweiligen Abteilungen verfügen über die aktuelle Software und Hardware und sind mit dem Programm Fidelio ausgestattet.

„**Mit dieser modular aufgebauten Hotelmanagementlösung**, können Sie Reservierungen, Gastdaten, Inventar und **interne Abläufe** reibungslos und effizient verwalten. Durch die Integration von Front-Office, Kundenbeziehungsmanagement, Konferenz- und Bankettverwaltung, Ressortmanagement, Spa-Management usw. haben Sie sofortigen Zugriff auf relevante Informationen und können Ihren Gästen Service auf einem durchgehend hohen Niveau bieten." (Micros-Fidelio 2014)

Unsere MitarbeiterInnen haben jederzeit Zugang zu Fächern, in denen die Büromaterialien aufbewahrt werden. Um ein zuverlässiges und effizientes Arbeiten zu ermöglichen, wird von den MitarbeiterInnen erwartet, dass sie sorgsam mit den ihnen zur Verfügung stehenden Geräten umgehen und die Büromaterialien sparsam verwenden. Es wird vorausgesetzt, dass der Arbeitsplatz stets in einem sauberen und ordentlichen Zustand ist.

Herr Müller ist, neben den öffentlichen Begehungen, auch für den Brandschutz zuständig. Da sich außer den MitarbeiterInnen auch viele Gäste in unserem Hotel aufhalten, ist es wichtig, dass alle MitarbeiterInnen mit der Brandschutz-Verordnung vertraut sind, um im Falle eines Brandes den bestmöglichen Schutz für alle zu gewährleisten.

6.2   Personelle Ressourcen

Als Hotel gehören wir dem Dienstleistungssektor an. Daher sind unsere MitarbeiterInnen unser wichtigstes Kapital. Unser Ziel ist es, eine herausragende Position in der Hotellerie zu erarbeiten und unseren Gästen einen erstklassigen Service zu bieten. Ein wichtiges Ziel ist es, durch die Bereitstellung von gut qualifizierten, hoch motivierten und freundlichen MitarbeiterInnen qualitativ hochwertige Arbeitsleistung zu erbringen und die Bedürfnisse des Gastes auf hohem Niveau zu befriedigen. Der Bedarf an qualifiziertem Personal wird von den Abteilungsleitern ermittelt und dem Management mitgeteilt. Die Bedarfsermittlung für notwendige Investitionen führt die Direktion in Abstimmung mit dem Qualitätsmanagementbeauftragten durch. Hierbei wird der voraussichtliche Nutzen dem entstehenden Aufwand gegenübergestellt. Eine weitere Grundvoraussetzung ist die optimale Gestaltung der Infrastruktur und der Arbeitsumgebung. Allgemeines Ziel ist der optimale Einsatz der Ressourcen und die Vermeidung der Verschwendung der Ressourcen.

Unser Hotel kann nur dann ein optimales Dienstleistungsangebot offerieren und einen hohen Grad an Gästezufriedenheit erreichen, wenn Personal ausreichend sowie qualitativ und quantitativ passend zur Verfügung steht. Für unser Hotel Muster ist es besonders wichtig, dass alle MitarbeiterInnen, von der Reinigungskraft bis zum Abteilungsleiter, optimal in das vorhandene Team passen und integriert werden können.

Im Folgenden werden die Auswahl neuer MitarbeiterInnen, Stellenbeschreibungen sämtlicher Positionen in unserem Hotel sowie Schulungsmaßnahmen erläutert.

6.2.1   Führungsgrundsätze

Die Führungsgrundsätze sind eine Vereinbarung des gesamten Hotelteams, die den Umgang miteinander verbindlich regeln. Die Vereinbarung von Führungsgrundsätzen ist ein Hilfsinstrument, um sich in einem **größeren Team** im täglichen Umgang miteinander wohl zu fühlen.

Gemeinschaft/Hotelteam

Wir sind eine Gemeinschaft von Menschen, die sich gegenseitig achten und respektieren. Konflikte werden offen, aufrichtig und sachorientiert ausgetragen. Keiner Mitarbeiterin und keinem Mitarbeiter dürfen Nachteile wegen Äußerungen eigener Meinung und Überzeugung entstehen.

Gleichbehandlung

Wir sind dem Prinzip der Gleichbehandlung verpflichtet. Dieses gilt unabhängig von der Funktion und der Hierarchiestufe. Wer sich benachteiligt fühlt, hat Anspruch auf sachliche Aufklärung.

Zielvereinbarung

Wir führen nach dem Prinzip der Zielvereinbarung. Vorgesetzte definieren gemeinsam mit ihren Mitarbeitern die zu realisierenden Aufgaben und Ziele. Sie sind für alle Beteiligten bindend.

Verantwortung

Wir trennen die Zuständigkeit nicht von der Verantwortung. Wer für seine Aufgabe zuständig ist, zeichnet dafür auch verantwortlich. Wenn eine Aufgabe nicht erfüllt worden ist, werden in erster Linie Störfaktoren analysiert, um sie das nächste Mal auszuschalten. Persönliche Schuldzuweisungen unterbleiben.

Entscheidungsspielraum

Wir sind uns bewusst, dass nur Verantwortung übernommen wird, wenn Entscheidungsspielräume vorhanden sind. Entscheidungsspielräume werden entsprechend den Anforderungen der Aufgabe gewährt. Diese Freiräume werden von anderen Mitarbeitern, auch Vorgesetzten, respektiert.

Vorbildcharakter

Vorgesetzte sind sich ihrer Vorbildfunktion bewusst. Sie streben nach Akzeptanz und Glaubwürdigkeit.

Kritikfähigkeit

Vorgesetzte sind bereit, ihr Handeln von anderen in Frage stellen zu lassen. Sie akzeptieren sachliche Kritik und setzen sich mit ihr konstruktiv auseinander.

Teamorientierung

Wir halten Teamarbeit nicht für einen Selbstzweck. Meistens ist sie die beste Form, komplexe Aufgaben zu bewältigen. Teamleistung zählt mehr als Einzelleistung. Wer anderen bei der Erfüllung ihrer Aufgaben hilft, wird belohnt.

Leistungsorientierung

Leistung soll die Grundlage für die fachliche Bewertung und Entlohnung der MitarbeiterInnen sein. Das Besetzen einer bestimmten Position ist unweigerlich mit der Fähigkeit verbunden, die dafür erforderliche Leistung erbringen zu können.

Transparenz

Unsere MitarbeiterInnen sind unser wichtigstes Kapital. Sie werden über unser eigenes unternehmerisches Handeln rechtzeitig informiert. Wer Entscheidungen der Leitung nicht versteht, hat Anspruch auf Erklärung.

Entwicklungsfähigkeit

Wir fördern das Streben der MitarbeiterInnen nach mehr Qualifikation und höherer Verantwortung. Regelmäßige Fortbildungen sind daher für das gesamte Hotelteam selbstverständlich.

Engagement

Wir halten unser Dienstleistungsangebot stets für verbesserungsfähig und ermutigen unsere MitarbeiterInnen, Verbesserungsvorschläge zu entwickeln. Realisierte Vorschläge werden belohnt.

Höflichkeit

Unabhängig von der persönlichen Verfassung orientieren wir uns immer an der Pflicht zur Höflichkeit und zur gegenseitigen Achtung. (vgl.: http://www.clewing-partner.de/, dort Qualitätsmanagement)

Wie oben beschrieben sind die einzelnen Aspekte der Führung besonders wichtig, denn der Führungsstil beeinflusst das Verhalten der MitarbeiterInnen. Auch ein gepflegtes und freundliches Äußeres sowie Pünktlichkeit sind weitere wichtige Grundsätze unserer Führungspolitik. Nur wenn diese Punkte verfolgt und erfüllt werden, ist eine Gästeversorgung in hohem Maße möglich.

6.2.2　Wie finden wir neue MitarbeiterInnen

Wie bereits mehrfach dargelegt, haben wir das Ziel, im Hotel Muster ein professionelles Team zur Verfügung zu haben, da unsere MitarbeiterInnen direkte Ansprechpartner des Gastes sind. Nur durch gut qualifiziertes Personal können wir uns von anderen Hotels abheben. Aus diesem Grund stellen wir eine Reihe von Anforderungen an unser Personal. Die Grundvoraussetzung ist eine abgeschlossene Berufsausbildung und fachliches Wissen im Bereich EDV- und Sprachkenntnisse. Berufserfahrung im Hotel sowie Erfahrungen mit dem Programm Fidelio dienen als weitere vorteilhafte Punkte. Ein freundliches Auftreten und ein gepflegtes Äußeres sind beim Umgang mit Gästen unabdinglich.

Bedarfsermittlung
Bei Kündigungen oder einer erhöhten Nachfrage entsteht der Bedarf für neues Personal. Üblicherweise liegen genügend Bewerbungen vor, sodass ein Ersatz für einen Mitarbeiter oder eine zusätzliche Mitarbeiterin sehr schnell gefunden werden kann. Ist das nicht der Fall, so kann entweder eine Arbeitsagentur eingeschaltet oder über das Internetportal www.hotel-career.de nach BewerberInnen gesucht werden.

Auswahl von MitarbeiterInnen
Regelmäßige Auswahl
Diese periodische Auswahl umfasst alle MitarbeiterInnen eines Unternehmens. Sie wird vorwiegend für die Entgeltermittlung eingesetzt. Mit ihrer Hilfe sollen sowohl der Entwicklungsstand als auch die Einsatzmöglichkeiten der gesamten Belegschaft kontinuierlich ermittelt werden. Die regelmäßige Auswahl kann halbjährlich, jährlich oder mehrjährig zum Einsatz kommen.

Anlassbedingte Auswahl
Oft geht es um eine Ersteinstellung, die aus verschiedenen Gründen notwendig wird, beispielsweise um den Ablauf einer Probezeit, eine Versetzung oder Beförderung, verbunden mit Lohn- oder Gehaltserhöhungen, Disziplinarmaßnahmen oder betriebsnotwendigen Entlassungen. Bei anlassbedingter Auswahl muss kein einheitliches Auswahlverfahren angewendet werden, da verschiedene Anlässe auch verschiedene Verfahren erfordern. Für die jeweilige Position werden anhand der Bewerbungsunterlagen geeignete Bewerber ausgesucht. Diese müssen die nötigen fachlichen und persönlichen Qualifikationen für die zu besetzende Stelle mitbringen. Im Rahmen eines persönlichen Vorstellungsgesprächs wählen die im Hotel beauftragten MitarbeiterInnen geeig-

nete BewerberInnen aus. Eine typische Checkliste könnte beispielsweise sein (vgl. Olfert/Steinbuch 2001, S. 285 ff.):

Wie ist das Arbeitsverhalten

Arbeitsplanung	Gedankliche Vorausschau der zukünftigen Arbeit und Bereitstellung der benötigten Mittel
Arbeitsqualität	Güte der Arbeitsdurchführung
Arbeitstempo	Zeitaufwand zur Bewältigung der Arbeit
Augenmaß	Richtigkeit der Einschätzung von Personen und Sachverhalten
Ausdauer	Beständigkeit bei der Arbeitsausführung
Belastbarkeit	Körperliche und geistige Ermüdung erkennen lassen
Entschlusskraft	Sich in angemessener Zeit entscheiden zu können
Fleiß	Kontinuität der Arbeitsdurchführung
Fachkenntnisse	Anwendung von Fachwissen auf die zu lösenden Aufgaben
Fehlerhaftigkeit	Verhältnis Fehler zu Arbeitsmenge
Initiative	Aus eigenem Antrieb tätig werden
Lernwillen	Bemühen, sich weiterzubilden
Pünktlichkeit	Vereinbarte Termine einhalten
Selbstständigkeit	Nach Anleitung ohne Rückfragen tätig werden
Verantwortungsbereitschaft	Die Konsequenzen der eigenen Handlung tragen

Wichtige Fähigkeiten bezogen auf das Hotel

Auffassungsgabe	Sachverhalte und Zusammenhänge schnell aufnehmen können
Gedächtnis	Merkfähigkeit
Kreativität	Neue, originelle Lösungen finden
Logik	Das Ziehen folgerichtiger Schlüsse

Verhalten gegenüber Kollegen und Vorgesetzten

Aufgeschlossenheit	Aktiv am Umweltgeschehen teilnehmen
Empfindlichkeit	Sensibilität in Bezug auf das eigene Selbstwertgefühl

Hilfsbereitschaft	Unterstützung der Mitmenschen
Mitteilungsbereit-schaft	Information und Wissen weitergeben
Toleranz	Eigenschaften auch gelten lassen, wenn sie nicht der eigenen Über-zeugung entsprechen
Zusammenarbeit	Bereitschaft zu gemeinsamen Aufgabenlösungen

Führungsverhalten (bei MitarbeiterInnen mit Führungsfunktion)

Fähigkeit zur Ar-beitsanleitung	Den MitarbeiterInnen Aufgaben zuteilen, die angestrebten Ziele definieren und Hilfsmittel zur Zielerrichtung aufzeigen
Ausgeglichenheit	Gemütszustände nicht erkennen lassen
Fähigkeit zu dele-gieren	Aufgabenübertragungen an MitarbeiterInnen vornehmen
Durchsetzungsver-mögen	Die MitarbeiterInnen zur Ausführung der Anordnungen be-wegen
kontrollorientiert und kontrollbereit	Überwachung der MitarbeiterInnen
Motivationsfähig-keit	MitarbeiterInnen zur langfristigen Leistungssteigerung be-wegen
Objektivität	Gleichheit der MitarbeiterInnenbehandlung

Persönliches Auftreten

Ausdrucksvermögen	In angemessener Weise sich ausdrücken
Erscheinungsbild	Zustand der Kleidung und Körperpflege
Selbstbewusstsein	Sich ohne Überheblichkeit seines Wertes bewusst sein
Umgangsformen	Art des Auftretens

Verantwortungsmatrix

Die folgende Verantwortungsmatrix zeigt, wer im Hotel welche Verantwortung trägt. Es ist dabei unbedingt erforderlich, dass klare und deutliche Stellenbeschreibungen für die jeweils in der Matrix genannten Positionen vorhanden sind.

Achtung: Die Matrix ist nicht vollständig und muss in verschiedenen Bereichen ergänzt werden. Sie soll dem Benutzer dieses Handbuchs nur als Beispiel dienen.

	Direktor Huber	Herr Q. Müller	Frau Orth	Frau Früh	Frau Front	Herr Tesch	Frau Buch	Frau Schlau
Verantwortungsmatrix								
D = Durchführung								
K = Kontrolle								
V = Vertretung								
H = Hauptverantwortung								
Leitung des Hotels	H	V						
Buchführung	K						H	
Qualitätsmanagement		H						
Personalwesen	H							D
Frühstück				H				
Schulung und Ausbildung		K						H
Hausdame	K		H, D					
Front Desk					H			
Technik						H		
Marketing	K	H						

Abbildung 30: Verantwortungsmatrix

6.2.3 Sonstiges Personal

Um den unterschiedlichen Belegungsraten gerecht zu werden und um dem Gast auch bei hoher Belegung einen guten Service bieten zu können, setzen wir besonders im Servicebereich Aushilfen ein. Der Bedarf an Aushilfen wird anhand der geplanten Belegung ermittelt. PraktikantInnen bieten wir für einen Zeitraum von drei bis vier Wochen die Möglichkeit, eine Abteilung unseres Hauses näher kennenzulernen. In dieser Zeit nimmt der Praktikant oder die Praktikantin am normalen Geschehen teil und kann sich somit ein erstes Bild über das Arbeiten im Hotel machen. Um die Einstellung von Aushilfen und PraktikantInnen kümmert sich die Ausbildungsbeauftragte Frau Schlau. Sie verfügt über eine Liste mit Fachkräften, auf die sie bei Bedarf zurückgreifen kann. PraktikantInnen werden vorzugsweise von der Hochschule München genommen.

6.2.4 Juristische Seite der Verträge mit den MitarbeiterInnen

Selbstverständlich haben wir einen externen Rechtsberater, der uns bei der Ausarbeitung von Verträgen unterstützt. Arbeitsverträge werden von Herrn Direktor Huber verwaltet. Ein Muster ist zwar vorhanden, Details werden jedoch entsprechend den Anforderungen an die Stel-leninhaberin beziehungsweise den Stelleninhaber und an die Tätigkeit ergänzt. Vor Arbeitsantritt werden neue MitarbeiterInnen mit dem Inhalt des Qualitätshandbuchs vertraut gemacht. Sie erhalten außerdem die auf sie zutreffende oder gegebenenfalls auch anzupassende Stellenbeschreibung. Einige Beispiele sind in diesem Handbuch vorhanden.

Üblicherweise werden Stellenbeschreibungen nicht in ein Handbuch übernommen, sondern werden intern von der Personalabteilung verwahrt. Achtung: Stellenbeschreibungen sind den Arbeitsverträgen ähnlich, Arbeitsverträge sind jedoch meist wesentlich umfassender und stehen daher immer unter Verschluss.

6.2.5 Stellenbeschreibungen

Die folgenden Stellenbeschreibungen stammen aus verschiedenen Hotels und wurden nicht überarbeitet (außer der Namen). Das bedeutet, sie wurden so übernommen, wie sie von Hotels tatsächlich im Handbuch dargestellt wurden.

Muster Stellenbeschreibung 1

Stellenbezeichnung	**Qualitätsmanagementbeauftragter**
Inhaber der Stelle	Franz Müller
Abteilung	Qualitätsmanagement
Direkte/r Vorgesetze/r	Direktor
Direkte/r Unterstellte/r	Stabsstelle keine Unterstellung
Stellvertretung	Hans Meier

Hauptaufgaben:

- Förderung des Qualitätsbewusstseins bei den MitarbeiterInnen
- Einführung, Sicherstellung, Verwirklichung, Aufrechterhaltung und Weiterentwicklung des Qualitätsmanagementsystems
- Verteilung, Verwaltung und Pflege des Qualitätsmanagementhandbuchs
- Vereinbarung und Durchsetzung von Verbesserungsmaßnahmen
- Planung, Vorbereitung und Durchführung interner Audits
- Durchführung und Auswertung von MitarbeiterInnen- und Gästebefragungen
- Aufrechterhaltung eines Beschwerdemanagements
- Regelmäßige Information des Direktors über den Stand und die Entwicklung des Qualitätsmanagementsystems und Verbesserungsmöglichkeiten
- Information aller MitarbeiterInnen über das Qualitätsmanagementsystem und dessen Bedeutung
- Erklärung und Vermittlung, welchen Beitrag die MitarbeiterInnen zur Erreichung der Qualitätsziele leisten können
- Einleitung von Korrekturmaßnahmen bei auftretenden Fehlern

Muster Stellenbeschreibung 2

Stellenbezeichnung	**Küchenchef & Koch**
Inhaber der Stelle	Margret Koch
Abteilung	Küche
Vorgesetze/r	Geschäftsführer Herr Huber
MitarbeiterInnen	MitarbeiterInnen des Bereichs Küche
Stellvertretung	Frau Früh

Hauptaufgaben: Fachliches Anforderungsprofil:

- Ausbildung/Studium: Ausbildung zum Koch; Erfahrung in Großküchen

Persönliches Anforderungsprofil:

- Führungsqualitäten
- Einfühlungsvermögen
- Flexibilität
- Menschenkenntnis
- Organisationstalent
- Stressresistenz
- Belastbarkeit

Hauptaufgabengebiet:

- Kochen und Anrichten der Speisen
- Vor- und Nacharbeiten im Restaurantbereich
- eventuell Kochunterricht für die Gäste, zum Beispiel metabolisch kochen

Zusätzliches Aufgabengebiet:

- Kochvorführungen

Verantwortungen und Befugnisse:

- Warenbestellungen, Wareneinkauf, Warenkontrolle
- Einhaltung der Hygiene- und Servicestandards
- Einteilung der Arbeitszeiten für die MitarbeiterInnen des Bereichs Küche
- Aufgabenverteilung im Bereich Küche

Interne Kommunikation:

- Geschäftsführung: Warenbestellungen; Speisepläne
- MitarbeiterInnen des Bereichs Küche: Arbeitszeiten und Aufgaben

Externe Kommunikation:

- Lieferanten: Tägliche Milchlieferung; zweimal pro Woche ordern von Lebensmitteln

Muster Stellenbeschreibung 3

Stellenbezeichnung	**Leitende Hausdame**
Inhaber der Stelle	Frau Orth
Abteilung	Hausdamen
Vorgesetze/r	General Manager
MitarbeiterInnen	Hausdamenassistentin, Zimmermädchen
Stellvertretung	Hausdamenassistentin

Hauptaufgaben:

- Organisation und Kontrolle der Aufgaben des Hausdamenbereichs
- Organisation und Kontrolle der Aufgaben der Zimmermädchen
- Einteilung der Zimmer nach Bleibe- und Abreisezimmer
- Koordination der Wäscherei
- Verwaltung Warendepots
- Verwaltung des Maschinendepots
- Einweisung von neuen Mitarbeitern, Auszubildenden und Praktikanten in die Aufgaben des Housekeeping

Zusatzaufgaben:

- Fundsachenverwaltung
- Erstellen der Reinigungs- und Dienstpläne
- Durchführung von Schulungen und Unterweisungen der Zimmermädchen
- Verwaltung von Dekor-Artikel

Verantwortung:

- Erfolgreiche Durchführung aller Aufgaben im Hausdamenbereich
- Erfolgreiche Durchführung aller Aufgaben der Zimmermädchen
- Ordnungsgemäßer Umgang mit den Geräten des Housekeeping
- Ordnungsgemäßer Umgang mit der gesamten Hotel-Hardware
- Ordnungsgemäßer Zustand der Zimmer
- Einhaltung aller Hygienevorschriften
- Einhaltung der Sicherheitsbestimmungen

Befugnisse:

- Auswahl der externen MitarbeiterInnen
- Einkauf von Reinigungsmitteln
- Ersatzbeschaffung von Maschinen nach Rücksprache mit Geschäftsleitung

Muster Stellenbeschreibung 4

Stellenbezeichnung	**Techniker**
Inhaber der Stelle	Herr Tesch
Abteilung	Technik
Vorgesetze/r	Geschäftsleitung
MitarbeiterInnen	Je nach Bedarf
Stellvertretung	Externe Firmen

Hauptaufgaben:

- Kontrolle und Überwachung der technischen Anlagen
- Durchführung von Reparaturen am gesamten Hotelinventar und der technischen Einrichtungen (ohne EDV)
- Koordination von extern auszuführenden Reparatur- und Wartungsaufträgen
- Lagerhaltung für den technischen Bereich
- Instandhaltung der Gartenanlagen

Zusatzaufgaben:

- Angebote für technische Neuanschaffungen einholen

Verantwortung:

- Erfolgreiche und zeitnahe Durchführung von Reparaturen
- Erfolgreiche Durchführung von Instandhaltungsarbeiten

Befugnisse:

- Einkauf von Verschleißteilen und Werkzeug

Stellenbeschreibungen betreffen einzelne Personen. Sie helfen jedoch dabei, den Personalwechsel im Hotel besser in den Griff zu bekommen, denn sie können beim Wechsel des Personals dem neuen Personal als Muster ausgehändigt werden.

Wie in jedem Unternehmen arbeiten die MitarbeiterInnen aufgabenbezogen in Teams miteinander. Nur so können sie umfangreiche Aufgaben gemeinsam bewältigen. Um Teams zu leiten, aber auch um deren Probleme in der Zusammenarbeit und Kommunikation kennenzulernen, werden von uns regelmäßige Treffen der MitarbeiterInnen festgelegt.

Teamarbeit bedeutet …

- Zusammenarbeit über längere Zeit,
- partnerschaftliches Verhalten,
- eine gemeinsame Aufgabe zu übernehmen,
- die Arbeitsabläufe selbst zu kontrollieren,
- gemeinsam für das Resultat verantwortlich zu sein,
- Teamgeist und Zusammengehörigkeitsgefühle zu entwickeln,
- gleichberechtigte Mitbestimmung aller Teammitglieder.

Das Teamergebnis

- Zusammensetzung und Effektivität eines Teams entscheidet über Erfolg oder Misserfolg.
- Nicht das Wissen eines einzelnen ist entscheidend.
- Kombination der Fähigkeiten und Fertigkeiten der einzelnen Mitglieder stärkt die ganze Gruppe.
- Teams müssen aus einer Vielzahl heterogener Persönlichkeits- und Rollentypen bestehen, um effektiv funktionieren zu können.

Die folgende Übersicht (vgl. Belbin 2014) stellt acht Teamrollen mit ihren Eigenschaften und Schwächen vor. Beispielsweise wird gezeigt, dass der Direktor alle Mitarbeiterinnen und Mitarbeiter motivieren und ermuntern soll, dabei aber auf unterschiedliche Persönlichkeitstypen trifft, die Teamarbeit verschieden gegenüberstehen und beeinflussen.

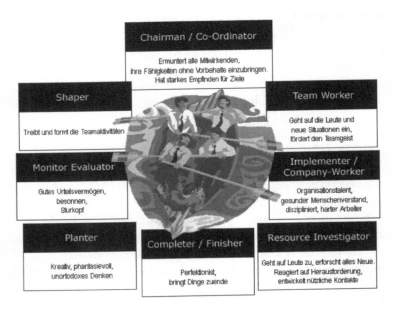

Chairman / Co-Ordinator
Ermuntert alle Mitwirkenden, ihre Fähigkeiten ohne Vorbehalte einzubringen. Hat starkes Empfinden für Ziele

Shaper
Treibt und formt die Teamaktivitäten

Team Worker
Geht auf die Leute und neue Situationen ein, fördert den Teamgeist

Monitor Evaluator
Gutes Urteilsvermögen, besonnen, Sturkopf

Implementer / Company-Worker
Organisationstalent, gesunder Menschenverstand, diszipliniert, harter Arbeiter

Planter
Kreativ, phantasievoll, unorthodoxes Denken

Completer / Finisher
Perfektionist, bringt Dinge zuende

Resource Investigator
Geht auf Leute zu, erforscht alles Neue. Reagiert auf Herausforderung, entwickelt nützliche Kontakte

Abbildung 31: Teams
Quelle: cth 2004

Teams und MitarbeiterInnentreffen

Wir benutzen zu diesen Treffen der MitarbeiterInnen folgende Checkliste:

Teambesprechung am:	Bis wann?	Erledigt?	Verantwortliche Person
Tagungsordnung und Tagungsort			
Schriftliche Einladung			
Anlass der Besprechung			
Inhalte und Themen, die besprochen werden sollen			
Einzuladende Personen			
Wer muss außerdem informiert werden			
Wer führt Protokoll			
Sonstiges			

Diese Meetings werden nicht regelmäßig angesetzt. Sie sind von besonderer Bedeutung und eine Voraussetzung für die Erhaltung eines guten Betriebsklimas. Es geht um den Austausch wichtiger Informationen, die die Anwesenheit vieler MitarbeiterInnen beziehungsweise Abteilungen erfordern. Ein weiteres Ziel ist die Erhaltung des reibungslosen Ablaufs der Tätigkeiten. Außerdem sollen sie allen als Plattform für Ideen und Verbesserungsvorschläge dienen.

AbteilungsleiterInnentreffen

Jeden zweiten Dienstag treffen sich die führenden MitarbeiterInnen zu einem Abteilungsleitermeeting. In diesem Meeting werden, unter der Leitung des Direktors, verschiedene Themen besprochen. Zu den wichtigsten Bereichen gehören die Berichte der Abteilungsleiter über die aktuelle Situation innerhalb der Abteilungen, Ergebnisse und besondere Anmerkungen aus den Gästebewertungen, Auskünfte über die momentane Personallage sowie über Aktionen wie Verkaufsaktionen, Veranstaltungen und Messen. Die Ergebnisse des Meetings werden schriftlich in einem Protokoll festgehalten und beim nächsten Treffen wird überprüft, ob die gesetzten Ziele und Maßnahmen erreicht und umgesetzt wurden.

Abbildung 32: Gute Nachricht …

Meetings zu Veranstaltungen

Meetings zu den Veranstaltungen finden jeden Montag statt. Im Rahmen dieser Meetings informiert Frau Front über die aktuelle Belegungszahl des Hotels. Frau Früh, die ebenfalls für Bankette und Veranstaltungen verantwortlich ist, informiert alle beteiligten Personen über die anstehenden Events. Es wird geklärt, welche Veranstaltungen und Bankette mit wie vielen Personen wann und wo stattfinden und welche Aufgaben dementsprechend von den jeweiligen MitarbeiterInnen zu übernehmen sind.

6.3   MitarbeiterInnenqualifikation und Schulung

In unserem Hotel werden unsere MitarbeiterInnen täglich mit neuen Herausforderungen konfrontiert, daher ist es wichtig, dass sie qualifiziert sind, diese zu bewältigen, um dem Gast den bestmöglichen Service zu bieten. Für das Hotel Muster ist es wichtig, dass alle MitarbeiterInnen in der Lage sind, mit den anspruchsvollen Anforderungen unserer Gäste umzugehen. Daher bieten wir unseren MitarbeiterInnen regelmäßige interne Schulungen an, bei denen sie ihre Fähigkeiten und Kenntnisse weiterentwickeln können. Die Schulungsmaßnahmen werden von der Direktionsassistentin frühzeitig geplant, sodass die Termine rechtzeitig an die MitarbeiterInnen weitergegeben werden können. Jede/r soll die Möglichkeit haben, an der Schulung teilzunehmen, wobei die Schulungen für die Auszubildenden Pflicht sind. Hierfür werden sie, wenn nötig, von der Berufsschule freigestellt. Die meisten Schulungen finden hotelintern statt. Es ist unser Anliegen, dass sie professionell abgehalten werden. Daher laden wir regelmäßig Referenten ein und stellen für die Schulungen stets einen Tagungsraum zur Verfügung.

Das in unserem Hotel angebotene Schulungsspektrum ist umfangreich und vielfältig und umfasst beispielsweise Psychologie, Ernährungskunde und Sprachen, aber natürlich auch beispielsweise Weinschulungen.

6.3.1   Schulungsplan

Der abgebildete externe Schulungsplan ist eine klare Darstellung der angebotenen Schulungen für unsere MitarbeiterInnen. Deren Reihenfolge ist nach Wichtigkeit gegliedert. Zusätzlich zu den im Plan dargestellten finden in den einzelnen Abteilungen praktische Schulungen am Arbeitsplatz statt. Bei Bedarf wird der Schulungsplan um zusätzliche Themen und Termine ergänzt.

Nr.	Schulungs-inhalt	Referent	Zeitpunkt (Datum, Uhrzeit)	Anzahl und Dauer der Schu-lungen	Angebot (Anzahl pro Jahr)	Teilneh-mer	Schu-lungs-unter-lagen	Kosten
1	Fidelio Module	Herr Betten	17.01.14 9:00– 17:00 Uhr	ganztägig	2	4 Personen: Meier, Huber, Müller und Schneider	werden gestellt	kostenlos
2	BASEL III	IHK	14.11.14 9:00– 17:00 Uhr	ganztägig	1	1 Person: Frau Buch	Rating und Basel III	150 EUR
3								
4	usw.							

Für interne Schulungen sollten ähnliche Schulungstabellen vorhanden sein, um festzustellen, wer an den Schulungen teilgenommen hat und wer noch teilnehmen sollte.

6.3.2 Ausbildung

Als Dienstleistungsunternehmen ist es wichtig, gut qualifizierte MitarbeiterInnen zu haben. Daher bietet das Hotel Muster jungen Menschen die Möglichkeit einer Ausbildung zur Hotelfachfrau oder zum Hotelfachmann. Jedes Jahr stellen wir Bewerber ein. Das Bewerbungsverfahren für Auszubildende erfolgt genau so wie für alle anderen Stellen. Auch hierfür ist die Direktionsassistentin zuständig, wobei alle Vertragsangelegenheiten über den Direktor laufen. Es ist uns wichtig, dass sich die neuen Azubis in unserem Hotel wohlfühlen. Bei einem Azubi-Kaffeetrinken lernen die neuen Azubis die Direktion sowie die leitenden MitarbeiterInnen kennen. Hierbei werden auch offene Fragen, wie zum Beispiel Fragen zur Hausordnung oder der Berichtsheftführung, geklärt.

Einarbeitung neuer MitarbeiterInnen

Für die umfassende Einarbeitung neuer MitarbeiterInnen ist der jeweilige Vorgesetzte der ausgeschriebenen Stelle verantwortlich. Im Vorfeld wird jede neue

Mitarbeiterin und jeder Mitarbeiter per Hausmitteilung dem Team angekündigt. Es ist sehr wichtig, dass sich neue MitarbeiterInnen von Anfang an wohlfühlen, daher werden sie in den ersten Arbeitstagen intensiv betreut. Während dieser Anfangsphase werden neue MitarbeiterInnen in ihre Aufgabenbereiche eingewiesen, über die Verhaltensregeln gegenüber den Gästen aufgeklärt, den anderen MitarbeiterInnen vorgestellt, mit den internen Räumlichkeiten vertraut gemacht und in unser Qualitätsmanagementsystem eingeführt.

7. Betriebliche Planung und Lenkung

Will der Direktor eines Hotels ein Qualitätsmanagementsystem einführen, steht er vor der Problematik, die Forderungen der Norm auf die eigenen Abläufe anzuwenden. Diese Abläufe werden in den Normen Prozesse genannt. Hat sich der Unternehmer jedoch einmal mit den Abläufen beschäftigt, schafft dies die Voraussetzungen, Schwachstellen zu erkennen, und es lassen sich wirkungsvolle Verbesserungsmaßnahmen einführen. Jeder Unternehmensberater wird sofort bestätigen, dass die Umsetzung der Forderungen der Norm weder zu erhöhter Bürokratie noch zu geringerer Flexibilität führt. Die Direktoren von bisher zertifizierten Hotels haben meist positive Erfahrungen mit verbesserten und systematisierten Abläufen.

Wenn die MitarbeiterInnen aktiv eingebunden wurden und sich ihrer Verantwortung bewusst sind, moderne, prozessorientierte Qualitätsmanagementsysteme einzuführen, können Hotels durchaus ihre Marktchancen sowie die Angebotsqualität und Zufriedenheit der Gäste steigern. Da ein Qualitätsmanagement immer maßgeschneidert zum Hotel passen muss, um den internen und externen Erwartungen gerecht zu werden, kann ein gut eingeführtes Qualitätsmanagement einen hohen Beitrag zur Wettbewerbsfähigkeit und zum Hotelerfolg leisten.

In unserem Hotel sind wir nach folgender Checkliste vorgegangen und haben die Arbeitsprozesse versucht entsprechend zu gestalten.

1. Ziel und Zweck

Ganz kurze Beschreibung, was mit der Prozessbeschreibung bezweckt werden soll.

2. Geltungsbereich

Auflistung der Bereiche, Stellen und Personen, für die diese Prozessbeschreibung relevant ist.

3. Begriffe

Kurze Erläuterung von Begriffen, die zum Verständnis wichtig sind, Definitionen.

4. Zuständigkeiten

Festlegung der Zuständigkeiten einzelner Bereiche.

5. Ablauforganisation

Dieser Punkt stellt den Hauptteil der Prozessbeschreibung dar. Hier werden ausführlich alle Regelungen erläutert. Optional kann es sinnvoll sein, den Ablauf durch ein **Flussdiagramm zu visualisieren.**

6. Dokumentation

Regelung, in welcher Form Aufzeichnungen zu erfolgen haben, wie lange und wo diese aufbewahrt werden.

7. Änderungsdienst

Festlegung, wer den Änderungsdienst der Prozessbeschreibung durchführt.

8. Hinweise und mitgeltende Unterlagen

Zusätzliche Hinweise, die zu beachten sind. Verweise auf andere Unterlagen.

9. Anlagen

Auflistung der Anlagen zur Prozessbeschreibung. Die Anlagen werden an die Prozessbeschreibung angeheftet.

Diese Vorgehensweise entspricht zwar nicht ganz den Normen, aber diese sind kein Gesetz und können flexibel ausgelegt werden.

7.1 Planung der Dienstleistungs- und Produktrealisierung

Um unseren gästebezogenen Kernprozessen einen qualitativ hochwertigen Standard vorzugeben, haben wir Prozessabläufe entwickelt und zum Teil auch gezeichnet, weil sie so anschaulicher sind,. Sie unterliegen natürlich einem ständigen Änderungsprozess, um der Dynamik unserer Dienstleistungen gerecht zu werden. Aus diesem Grund überprüft der Qualitätsmanagementbeauftragte die Prozessabläufe regelmäßig auf Aktualität und Richtigkeit. Die folgende Abbildung zeigt, wie eine solche Prozesskette aussieht.

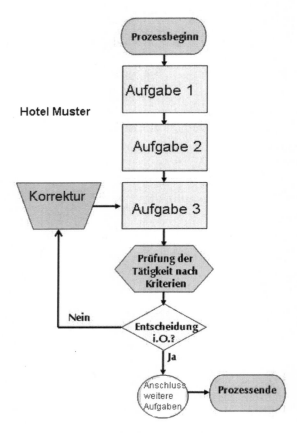

Abbildung 33: Beispiel für eine Prozesskette

7.2   Unternehmensbezogene Prozesse

Unsere unternehmensbezogenen Prozesse lassen sich in Management-, gästebezogene und Unterstützungsprozesse gliedern. Durch die Messung, Analyse und Verbesserung unserer Prozesse können wir unser System kontinuierlich verbessern.

In Form von Ablaufdiagrammen werden im Folgenden die gästebezogenen Kernprozesse des Hotels Muster grafisch dargestellt und erläutert. Die Ablaufdiagramme sollen die Arbeitsabläufe nicht fixieren, sondern eine Hilfe zur Durchführung der verschiedenen Aufgaben sein, denn unsere Dienstleistung und unser Service sollen sich weiterhin durch hohe Kreativität, Flexibilität und Innovationsfähigkeit auszeichnen.

Hotelreservierung

Kundenfragebogen

	Ja	Nein	Check
1. Wurde Ihr Anruf sofort beantwortet?	☐	☐	☐
2. Wurden Sie freundlich mit dem jeweiligen Tagesgruß begrüßt?	☐	☐	☐
3. Entschuldigte man sich bei Ihnen, falls Sie warten mussten?	☐	☐	☐
4. Wurden Sie nach Ihrem Vor- und Nachnamen gefragt?	☐	☐	☐
5. Wurden Sie gebeten, Ihren Namen zu buchstabieren?	☐	☐	☐
6. Wurden Sie nach Ihrer Adresse gefragt?	☐	☐	☐
7. Wurden Anreisetag und möglicher Abreisetag notiert?	☐	☐	☐
8. Wurden Sie nach der Art der gewünschten Unterbringung gefragt?	☐	☐	☐
9. Wurde Ihnen die Preisklasse genannt?	☐	☐	☐
10. Wiederholte der Hotelangestellte die wichtigen Angaben bei Bestätigung Ihrer Voranmeldung?	☐	☐	☐
11. Wurden Sie gebeten, eine schriftliche Bestätigung für Ihnen nachzusendende Rechnungen zu schicken?	☐	☐	☐
12. Wurde Ihnen die Ausfertigung einer schriftlichen Bestätigung angeboten?	☐	☐	☐
13. Schlug Ihnen der Reservierungsangestellte Ausweichtermine vor, falls das Hotel für die gewünschte Zeit belegt war?	☐	☐	☐
14. Dankte Ihnen der Reservierungsangestellte dafür, dass Ihre Wahl auf dieses Hotel gefallen war?	☐	☐	☐
15. Versicherte Ihnen der Reservierungsangestellte, Ihnen eine Buchungsbestätigung zuzuschicken?	☐	☐	☐

Es hat sich als praktisch erwiesen, Prozesse gezeichnet darzustellen, um den Überblick über Alternativen und Verzweigungen zu behalten. Sonst wird bei mehreren Alternativen leicht vergessen, jede Variante zumindest in Betracht zu ziehen, wie das folgende Beispiel zeigt. Es gibt keine Vorschriften, welche Symbole genutzt werden sollen.

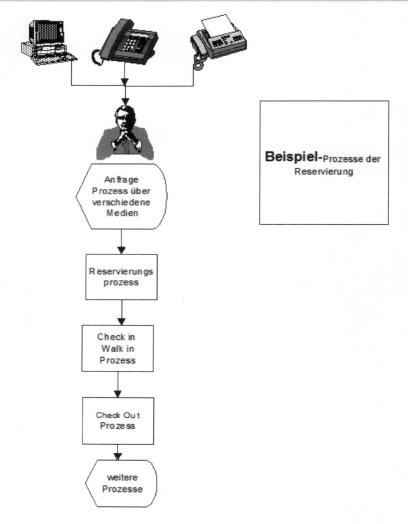

Abbildung 34: Reservierungsprozess

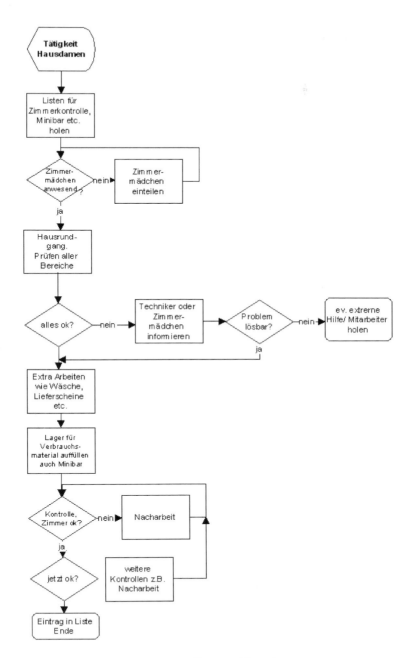

Abbildung 35: Prozess Hausdamen

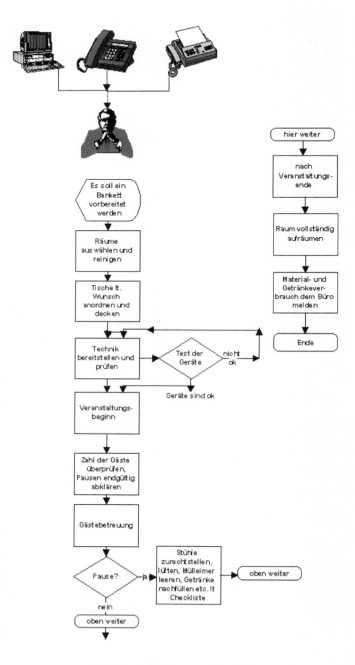

Abbildung 36: Prozess Bankett

7.3   Beschaffung

Für die Beschaffung des allgemeinen Büromaterials ist die Direktionssekretärin zuständig. Ihr melden die jeweiligen Abteilungen den Bedarf und nach Absprache mit dem Direktor tätigt sie die Bestellungen. Die Anschaffung von Geräten und EDV-Anlagen erfolgt über den Direktor und den Leiter der EDV-Abteilung. Da die Qualität unserer Dienstleitung auch von den in unserem Hotel eingesetzten Produkten abhängt, werden alle Lieferanten von dem Qualitätsbeauftragten sorgfältig ausgewählt und vorgeschrieben. Alternative Lieferanten werden unter anderem über die Kriterien Preis-Leistungs-Verhältnis und der Lieferschnelligkeit ausgewählt. Nach dem Eintreffen der bestellten Ware führt die Direktionssekretärin eine Lieferkontrolle anhand der Lieferliste durch. Bei Abweichungen des Produkts von Qualität und Quantität wird bei diesem Lieferanten nicht mehr bestellt. Zur Auswahl der Lieferanten benutzen wir ebenso eine Checkliste, um die Lieferanten bewerten zu können.

Formular Lieferantenbewertung			
Lieferant:		Datum:	
Kriterium	**Bewertung**		**Sonstiges**
Einhaltung der Lieferzeiten	○ Immer eingehalten (3)	○ Meistens eingehalten (2)	○ Selten eingehalten (0)	
Vollständigkeit der Lieferung	○ Immer Vollständig (3)	○ Meistens vollständig (2)	○ Selten Vollständig (0)	
Ordnungsgemäße Kennzeichnung und Verpackung der Produkte	○ Immer Eingehalten (3)	○ Meistens Eingehalten (2)	○ Selten Eingehalten (0)	
Chemische Zusammensetzung der Wirkstoffe	○ innerhalb des geforderten Bereiches (3)	○ außerhalb des geforderten Bereiches (0)		

Abbildung 37: Lieferantenauswahl

Große Hotels benutzen natürlich umfangreichere Checklisten und Bewertungslisten, die beispielsweise so wie der unten dargestellte Bogen aussehen. Es wird empfohlen, unbedingt eine Lieferantenbewertung durchzuführen, auch wenn dabei alte Kontakte infrage gestellt werden.

Lieferant:

Lieferprodukt:

Bewertungskriterien:

Qualität Gewichtung 8 Pkt.				Preis Gewichtung 6 Pkt.				Termin Gewichtung 4 Pkt.				Service, Beratung Gewichtung 2 Pkt.			
Kenn-zahl	verbale Einschätzung	zu-treff. = 1	Sum-me	Kenn-zahl	verbale Einschätzung	zu-treff. = 1	Sum-me	Kenn-zahl	verbale Einschätzung	zu-treff. = 1	Sum-me	Kenn-zahl	verbale Einschätzung	zu-treff. = 1	Sum-me
5	Keine Mängel, QMS vorhanden	1	40	5	Sehr günstiger Preis und Zahlungsbed.	0	0	5	Zugesicherte Lieferzeit (bis 1 Wo. / 24 Std.)	0	0	5	Sehr gut	0	0
4	Keine Mängel, QMS nicht vorhanden	0	0	4	Günstiger Preis	0	0	4	Abweichende geringe Lieferzeiten (2 Wo/48h)	0	0				
3	Geringe Mängel (1 Mangel vorhanden)	0	0	3	Durchschnittspreis	1	18	3	Abweichende hohe Lieferzeiten (3 Wo/72h)	0	0	3	Vorhanden	0	0
2	Mehrere Mängel (> 1 bis 3 Mängel vorhanden)	0	0	2	Preis über Durchschnitt	0	0	2	Abweichende sehr hohe Lieferzeiten (>3 Wo/72h)	0	0				
0	Erhebliche Mängel (> 3 Mängel vorhanden)	0	0	0	Sehr ungünstiger Preis	0	0	0	Unberechenbare Lieferzeiten ohne Angabe	0	0	0	Nicht vorhanden	0	0
Summe			40	Summe			18	Summe			0	Summe			0

Abbildung 38: Lieferantenbewertung

8. Leistungsbewertung und deren Überwachung und Messung

Wenn ein Unternehmer bei einer Überprüfung der Bilanzen und Gewinn- und Verlustrechnung durch eine Bank oder durch einen Unternehmensberater, ja sogar durch einen Auditor, sagt, unsere Ziele sind

- mehr Umsatz zu machen,
- einen größeren Marktanteil zu erreichen oder auch
- höhere Kundenzufriedenheit zu erreichen,

ohne weitere messbare Kriterien anzugeben, dann hat er sich nicht mit Kennzahlen beschäftigt. Er kann dann auch nicht feststellen, wie weit er von vorgegebenen Zielen abgewichen ist.

Abbildung 39: Forderungen und Ergebnisse des Qualitätsmanagements

8.1 Allgemeines

Um unser Qualitätsmanagementsystem ständig verbessern zu können, legen wir Überwachungs-, Prüf-, Analyse-, und Verbesserungsprozesse fest, planen diese, ergänzen sie mit messbaren Kriterien, wie beispielsweise einer Prozentzahl, und setzen sie um. Mittels dieser Prüfungen erkennen wir Fehler und Schwachstellen und stellen sicher, dass sowohl unsere Prozesse effizient und wirksam durchgeführt werden, als auch die Forderungen aus dem Qualitätsmanagementsystem und die Gästeanforderungen umgesetzt werden. Wenn erforderlich, werden Korrektur- und Vorbeugemaßnahmen zur Fehlerbeseitigung und Verbesserung des Qualitätsmanagementsystems eingeleitet.

8.2 Überwachung und Messung

Der Direktor und externe Berater bewerten mit Unterstützung des Qualitätsmanagementbeauftragten in geplanten Abständen die Wirksamkeit, Eignung und Angemessenheit des Qualitätsmanagementsystems. Diese Bewertung verfolgt das Ziel, unser Qualitätsmanagementsystem inklusive der Qualitätspolitik und der Qualitätsziele kontinuierlich zu verbessern und falls nötig anzupassen. Die Ergebnisse dieser Managementbewertung werden in einem Bericht schriftlich festgehalten, den MitarbeiterInnen bekannt gemacht und zur Einsichtnahme ausgelegt. Dieser Bericht sieht folgendermaßen aus:

Überprüfung des Qualitätsmanagements/Management-Review

Datum der Überprüfung:_____

Raum/Ort: _____

Anwesende MitarbeiterInnen:

_____

Auswertung und Abweichung von den Qualitätszielen:

Ziel/ Abweichung _____

Ziel/ Abweichung _____

Ziel/ Abweichung _____

1. Ergebnisse aus der Lieferantenbewertung, was ist zu ändern?

2. Ergebnisse der Gästebefragungen (Auswertung und Maßnahmen)

3. Was hat die Mitarbeiterbefragung für Änderungen bewirkt?

4. Sind die Prozesse noch aktuell?

5. Werden neue Geräte/Ausstattungen und wird neues Personal benötigt?

6. Wo wurden Schwachstellen entdeckt, was ist seit der letzten Überprüfung verbessert worden?

7. Haben die bisherigen Maßnahmen zur Verbesserung auch ihre Wirkung gezeigt?

8. Gibt es aufgrund der Veränderungen im sozialen Umfeld Anpassungsbedarf?

---

9. Gibt es unerledigte Maßnahmen aus früheren Überprüfungen?

10. Muss das Qualitätsmanagement angepasst werden?

11. Unsere Qualitätsziele für das nächste Jahr sind:

Ort/Datum   Hoteldirektor

8.2.1 Ursprung der Bewertungsdaten

Folgende Informationen werden als Grundlage für eine gute Bewertung der Effizienz und Wirksamkeit des Qualitätsmanagementsystems benötigt:

- Ergebnisse der internen und gegebenenfalls externen Audits,
- Rückmeldung zur Zufriedenheit der Gäste,
- Gästebeschwerden,
- neue Verbesserungsmöglichkeiten,
- finanzielle Unternehmenskennzahlen,
- Verbesserungsvorschläge und Ergebnisse der MitarbeiterInnenbefragung,
- Änderungen mit Auswirkungen auf das Qualitätsmanagementsystem.

Ergebnisse der Bewertung

Die Ergebnisse der Managementbewertung und der daraus resultierende Soll-Ist-Vergleich helfen uns, Entscheidungen und Maßnahmen zu treffen, die zur Verbesserung unserer Dienstleistungsqualität beitragen. Anschließend werden neue Ziele für das kommende Jahr entwickelt und festgelegt. Die Messung und Überwachung der Leistung unseres Qualitätsmanagementsystems erfolgt durch interne Audits und die Ermittlung der Gästezufriedenheit.

8.2.2 Gästezufriedenheit

Unsere Motivation ist, die steigenden und sich verändernden Gästeanforderungen langfristig erfüllen zu können. Daher haben wir folgende Instrumente fest in unser Qualitätsmanagementsystem aufgenommen und ermitteln und analysieren mit diesen Methoden kontinuierlich die Zufriedenheit unserer Gäste:

- Gästebefragungen
- Online Gästebuch
- Persönliches Gespräch mit Gästen, zum Beispiel beim Check-out

Durch die regelmäßige Auswertung der Gästebefragungszettel sowie unseres Fragebogens/ Gästebuchs (auf der Homepage) bieten wir unseren Gästen die Möglichkeit, Verbesserungsvorschläge, Anregungen, Wünsche und Kritik am Hotel Muster zu äußern. Aber auch direkte Gespräche mit dem Gast, beispielsweise beim Check-out, liefern uns ein direktes Feedback über die Zufriedenheit unserer Gäste.

Durch die Ermittlung der Gästezufriedenheit wollen wir zuverlässige Aussagen über die Zufriedenheit der Gäste erstellen, die uns Aufschluss darüber geben, ob wir den Erwartungen und Wünschen der Gäste noch gerecht werden. Die Verbesserungsvorschläge, Wünsche, Anregungen und Kritik überprüfen wir auf Umsetzbarkeit und Realisierbarkeit und beziehen diese in unsere zukünftige Arbeit ein. Dadurch wollen wir langfristig unsere Dienstleitungsqualität und damit die Gästezufriedenheit erhöhen, denn zufriedene Gäste sind die beste Werbung für unser Hotel. Es folgt ein Muster unseres Gästefragebogens.

Dieser Fragebogen soll auf keinen Fall standardmäßig in jedem Hotel wie abgebildet verwendet werden, sondern möglichst individuell auf die Gäste und das Hotel bezogen sein. Nur dann füllt der Gast diesen Fragebogen gern aus. Es hat sich außerdem gezeigt, dass ein Fragebogen auf keinen Fall länger als eine Seite sein sollte.

Unterkunft

Wie zufrieden sind Sie mit ...

	vollkommen zufrieden	sehr zufrieden	zufrieden	weniger zufrieden	unzufrieden
der Sauberkeit von Zimmer und Bad	☐	☐	☐	☐	☐
der Sauberkeit von Bettwäsche/Handtüchern	☐	☐	☐	☐	☐
der Freundlichkeit des Zimmerpersonals	☐	☐	☐	☐	☐
der Funktionstüchtigkeit der Zimmerausstattung	☐	☐	☐	☐	☐
dem Ambiente des Zimmers	☐	☐	☐	☐	☐

Service

Wie zufrieden sind Sie mit ...

	vollkommen zufrieden	sehr zufrieden	zufrieden	weniger zufrieden	unzufrieden
der Atmosphäre/dem Ambiente im Restaurant	☐	☐	☐	☐	☐
der Freundlichkeit der Mitarbeiter	☐	☐	☐	☐	☐
der Aufmerksamkeit der Mitarbeiter	☐	☐	☐	☐	☐
der Sauberkeit im Restaurant	☐	☐	☐	☐	☐

Empfang

Wie zufrieden sind Sie mit ...

	vollkommen zufrieden	sehr zufrieden	zufrieden	weniger zufrieden	unzufrieden
der Freundlichkeit der Mitarbeiter	☐	☐	☐	☐	☐
der Hilfestellung bei Problemen	☐	☐	☐	☐	☐
der Weiterleitung von Nachrichten	☐	☐	☐	☐	☐

Abbildung 40: Gästebefragung

Gästebefragung

Die Gästebefragung mittels unserer Gästebefragungszettel bietet uns die Möglichkeit, schnell und einfach ein Feedback von unseren Gästen zu bekommen und uns kontinuierlich zu verbessern. Die Gästebefragungsformulare liegen auf jedem Zimmer. Ausgefüllte Formulare können entweder direkt am Empfang abgegeben oder auf den Zimmern liegen gelassen werden. In diesem Fall sammeln die Reinigungskräfte die Karten ein und händigen diese dem Empfang aus. Der Empfang leitet diese Karten dann an den Direktor weiter. Der Direktor sichtet die Karten. Liegen Beschwerden vor, so reagiert er unverzüglich darauf, indem er mit den jeweiligen Verantwortlichen spricht und dem Gast ein Feedback-Schreiben zusendet.

8.2.3   Interne Audits

Mit der Einführung des Qualitätsmanagementsystems im Hotel Muster wollen wir kein starres Regelwerk schaffen, sondern ein flexibles, anpassungsfähiges und kontinuierlich wachsendes System. Um diese Anforderungen erfüllen zu können, muss das Qualitätsmanagementsystem mindestens einmal jährlich in Form eines internen Qualitätsaudits von der Direktion und dem Qualitätsmanagementbeauftragten sowie den MitarbeiterInnen überprüft werden. Durch dieses Audit soll sichergestellt werden, dass wir unsere konkretisierten Ziele und die Anforderungen der internationalen Norm DIN EN ISO 9001 sowie die von uns festgelegten Forderungen an unser Qualitätsmanagementsystem auch umsetzen und erfüllen.

Das interne Qualitätsaudit ist vom Qualitätsmanagementbeauftragten vorzubereiten und in einem Auditplan festzulegen. Direktion und MitarbeiterInnen werden frühzeitig informiert. Alle Beteiligten sollen sich auf das interne Audit vorbereiten, indem sie im Vorfeld Fragen und Verbesserungsvorschläge aufschreiben.

Interne Qualitätsaudits dienen der eigenen Überprüfung des eingeführten Qualitätsmanagements. Die folgende Darstellung soll die wesentlichen Punkte des internen Qualitätsaudits noch einmal übersichtlich zeigen (vgl. Perrin/ Burkhardt, S.7 f.).

Aspekt des internen Auditprozesses	Schwerpunkte der Anforderung nach ISO 9001
Auditprinzipien	Objektivität und Unparteilichkeit des Auditprozesses Die Auswahl der Auditoren und die Durchführung der Audits müssen Objektivität und Unparteilichkeit des Auditprozesses sicherstellen. Auditoren dürfen ihre eigene Tätigkeit nicht auditieren (ISO 9001:2008).
Systematik des Auditverfahrens	Dokumentiertes Verfahren Festlegung von Verantwortlichkeiten zu Planung, Durchführung, Berichterstattung und Aufzeichnungen
Ziele des Audits	Aufrechterhaltung und Wirksamkeit des Qualitätsmanagementsystems ermitteln bezüglich Normanforderungen der ISO 9001 sowie von der Organisation selbst festgelegter Anforderungen.

Anforderungen an Auditoren	Auditoren dürfen ihre eigene Tätigkeit nicht auditieren.
Planung und Vorbereitung	Planung eines Auditprogramms unter Einbeziehung des Status und der Bedeutung zu auditierender Bereiche und Prozesse sowie Ergebnisse früherer Audits Festlegung von Auditkriterien, Auditumfang, Audithäufigkeit, Auditmethoden
Realisierung von Audits	Durchführung interner Audits in geplanten Abständen
Auditberichterstattung	Führen von Aufzeichnungen zur Auditberichterstattung
Audit-Follow-up	Leitung des auditierten Bereichs muss sicherstellen, dass Maßnahmen ohne ungerechtfertigte Verzögerung zur Beseitigung von Fehlern und Fehlerursachen ergriffen werden. Verifizierung der Folgemaßnahmen und Berichterstattung über die Verifizierungsergebnisse

Aspekt des internen Auditprozesses	Schwerpunkte der Anforderung nach ISO 9004
Auditprinzipien	Wirksamer und effizienter Auditprozess
Systematik des Auditverfahrens	–
Ziele des Audits	Ermittlung von Stärken und Schwächen des Qualitätsmanagementsystems Beurteilung der Effizienz der Organisation
Anforderungen an Auditoren	–
Planung und Vorbereitung	Planung von Audits flexibel gestalten. Bei der Planung Eingaben interessierter Parteien sowie des auditierten Bereichs berücksichtigen.
Realisierung von Audits	Zu beachtende Themen können sein: Wirksame und effiziente Prozessverwirklichung, Analyse von Daten zu den Qualitätskosten, Angemessenheit und Genauigkeit der Leistungsmessung etc.
Audit- Berichterstattung	Anerkennung und Motivation von Personen durch Erfassung hervorragender Leistungen
Audit-Follow-up	Leitung soll Verbesserungsmaßnahmen sicherstellen.

Die Durchführung eines internen Audits ist besonders vor der externen Prüfung des Qualitätsmanagementsystems zu empfehlen. In Form eines Meetings prüfen der Qualitätsmanagementbeauftragte, der Direktor und die MitarbeiterInnen, ob das Qualitätsmanagementsystem wirklich etwas bringt und den Forderungen der Normen weitgehend entspricht. Anschließend wird dann das Handbuch auf Schwachstellen und Verbesserungsmöglichkeiten geprüft und festgestellt, ob die Arbeitsabläufe noch korrekt dargestellt sind. Des Weiteren wird besprochen, welche Prozessbeschreibungen in das Handbuch aufgenommen werden sollen und ob bestehende beschriebene Tätigkeiten verändert oder ergänzt werden müssen.

Um eine offizielle Zertifizierung nach DIN EN ISO 9001 zu erhalten, sind externe Audits nötig. Sie finden alle drei Jahre statt. Allgemein gilt für die Audits, dass der Direktor stets über die Ergebnisse der Audits und die daraus resultierenden erforderlichen Maßnahmen zur Beseitigung der erkannten Fehler und deren Ursachen informiert werden muss. Nach jedem externen Audit werden die Ergebnisse vom Auditor in einem schriftlichen Auditbericht zusammengefasst. Diese Ergebnisse werden dann mit den jeweiligen betroffenen Abteilungen sowie dem Direktor besprochen und notwendige Verbesserungs- und Korrekturmaßnahmen für die Schwachstellen eingeleitet und möglichst bald auf ihre Wirksamkeit überprüft.

8.3 Lenkung fehlerhafter Dienstleistungen und Produkte

Es wird im Hotel zwar versucht, Fehler zu vermeiden, dennoch kann es vorkommen, dass Ungenauigkeiten auftreten. Durch die enge Zusammenarbeit unserer MitarbeiterInnen versuchen wir Fehler frühzeitig zu erkennen und, wenn erforderlich, Korrekturmaßnahmen einzuleiten. Gerechtfertigte Beschwerden und Reklamationen der Gäste werden von uns sehr ernst genommen, denn sie sind bedeutende Ansatzpunkte und Chancen zur Verbesserung unserer Qualität. Ein schneller, reibungsloser und systematischer Umgang mit Gästebeschwerden ist daher für das Hotel Muster sehr wichtig, damit unser Gast keine negativen Erinnerungen zurückbehält. Daher ist es für uns von großer Bedeutung, Beschwerden eine hohe Priorität beizumessen und eine schnelle und befriedigende Lösung zu finden.

Jede Art von Gästebeschwerden wird von unseren MitarbeiterInnen aufgenommen und sofort an die jeweiligen AbteilungsleiterInnen weitergeleitet. Der Abteilungsleiter oder die Abteilungsleiterin prüft, analysiert und diskutiert dann (möglichst nicht unter Hinzuziehung der Direktion), ob die Beschwerde berechtigt ist und ob eine Problemlösung zu gegebener Zeit im Rahmen des Möglichen ist.

Abbildung 41: Problembehandlung ...

Bei Handlungsbedarf werden die zu ergreifenden Maßnahmen abteilungsintern besprochen. Der Abteilungsleiter oder die Abteilungsleiterin sorgt für die Umsetzung der Maßnahmen und setzt sich, wenn es nötig ist, auch mit dem Gast in Verbindung. Alle Reklamationen und Beschwerden werden dokumentiert und in einem Beschwerdeordner im Schrank der Direktionsassistenz aufbewahrt.

8.4 Datenanalyse

Es ist wichtig, Daten zu erfassen, die es uns ermöglichen, einen Überblick über den derzeitigen Stand unseres Qualitätsmanagementsystems, potenzielle Probleme und damit verbundene Anpassungs- und Verbesserungsmaßnahmen zu erhalten. Daher werden Gästebeschwerden und Reklamationen, die einen negativen Einfluss auf unsere Dienstleistungsqualität haben, von den MitarbeiterInnen aufgenommen und an den Direktor oder den Qualitätsmanagementbeauftragten weitergeleitet. Aber auch Verbesserungs- oder Veränderungsvorschläge seitens der MitarbeiterInnen werden erfasst und weitergeleitet. Diese Probleme werden anschließend vom Qualitätsmanagementbeauftragten analysiert und zusammen mit dem Direktor bewertet. Danach wird entschieden, ob Verbesserungsmaßnahmen vorgenommen werden können.

9. Verbesserung

Im Zusammenhang mit dem Qualitätsmanagement spricht der Fachmann über Verbesserungen im Regelkreis. Wurden Verbesserungen vorgenommen, haben sie rückwirkend auch Einfluss auf die Tätigkeiten der Mitarbeiterinnen und Mitarbeiter, also auf deren Arbeitsprozesse. Diese müssen im Regelkreis angepasst werden, dann wieder überprüft werden, bis sie optimal an das System des Hotels angepasst sind.

Das vorliegende Ergebnis eines Fragebogens soll zeigen, wie wichtig es ist, dass die Mitarbeiterinnen und Mitarbeiter in einem Hotel in die Prozesse eingebunden werden. Dabei ist beispielsweise interessant, dass bei Punkt 4 des Ergebnisses die MitarbeiterInnen sich offensichtlich noch nicht genügend mit dem Qualitätsmanagement beschäftigt haben. Auch die Antworten auf die Frage zu Möglichkeiten der Weiterbildung werden noch nicht positiv genug beantwortet. Daraus und aus anderen Ergebnissen der Befragung sind zukünftige Aktivitäten abzuleiten. Es wären fünf Antwortmöglichkeiten besser gewesen!

Auswertung
Mitarbeiterbefragung

Gästeorientierung

		☺	+	•		--	Enthaltung	
Mir sind die Anforderungen des Gastes im vollen Umfang bekannt	1	13	7					20
Diese Anforderungen dienen mir als Grundlage meiner Arbeit	2	10	8	2				20
Mein Ziel ist die vollständige Erfüllung der Gästeanforderungen	3	12	5	3				20
Unsere Gäste sind mit unserer Arbeit zufrieden.	4	6	11	2	1			20
Unsere Gäste würden sich wieder für unser Hotel entscheiden	5	10	9	1				20
Unsere Gäste empfehlen unser Hotel weiter	6	9	10				1	20

Qualitätssicherung

		☺	+	•	-	--	Enthaltung	
Ich habe eine klare Vorstellung vom Begriff Qualität.	7	12	7	1				20
Die Qualitätsziele unseres Hotels sind mir bekannt	8	11	7		1		1	20
Ich richte mich nach den Zielen	9	8	9	2	1			20
Das Qualitätsmanagement-Handbuch ist eine gute Arbeitshilfe	10	6	3	6	1	3	1	20
Der Inhalt des Handbuchs ist informativ und nachvollziehbar	11	6	4	5	1	2	2	20
Bei meinen Aufgaben achte ich auf deren exakte Erledigung	12	10	8	1	1			20
Aus Fehlern ziehe ich immer die notwendigen Konsequenzen	13	14	3	3				20
Mängel am Ablauf oder in der Qualität möchte ich aufdecken	14	10	5	2	2	1		20
Mir sind ausreichend Möglichkeiten zur Berichtigung gegeben	15	9	8	1	1	1		20

Schulung Entwicklung

		☺	+	•	-	--	Enthaltung	
Ich wurde für meine Tätigkeit ausreichend geschult	16	9	5	5		1		20
Ich bin mit den Möglichkeiten der Weiterbildung zufrieden	17	6	8	3	2	1		20

Informationsfluss

		++	+	•	-	--	Enthaltung	
Informationen zur Erfüllung meiner Aufgaben erhalte ich rechtzeitig	18	6	6	6	2			20
Ich weiß immer genau, von wem ich welche Information einholen kann	19	10	7	3				20
Ich beteilige mich konstruktiv an den Teambesprechungen	20	8	9	2	1			20

Aufgabengebiet

		☺	+	•	-	--	Enthaltung	
Mein Aufgabengebiet ist mir klar	21	7	9	3	1			20
Ich kenne meine Verantwortungen und Befugnisse	22	12	6	1	1			20
Die Aufgaben sind mit denen anderer Kollegen gut abgestimmt	23	5	10	3	1	1		20
Für die mir übertragenen Aufgaben übernehme ich die volle Verantwortung	24	16	2	2				20
Die mir übertragenen Aufgaben fordern mich	25	10	6	3	1			20
Spezielle Aufgaben kann ich nach meinen Vorstellungen durchführen	26	8	7	4	1			20

Arbeitsbedingungen

		☺	+	•	-	--	Enthaltung	
Mit den Bedingungen an meinem Arbeitsplatz in ich zufrieden	27	6	3	7	3	1		20
Es stehen mir alle notwendigen Arbeitsmittel zur Verfügung	28	9	5	3	1	2		20
Ich benutze diese fachgerecht	29	13	2	2	2		1	20
Mit der Arbeitszeitreglung bin ich zufrieden	30	5	5	5	4	1		20
Ich werde meinen Leistungen entsprechend bezahlt	31	1	7	6	2	4		20

Betriebsklima

		☺	+	•	-	--	Enthaltung	
Zwischen den KollegInnen herrscht eine gute Zusammenarbeit	32	12	6	1	1			20
Die Hierarchieebenen empfinde ich als störend.	33	2	4	6	3	5		20
Bei uns ist eine hohe Leistungsbereitschaft vorhanden	34	7	9	3	1			20
Die Integration neuer Mitarbeiter erfolgt schnell und freundlich	35	10	9		1			20
Mit dem vorherrschenden Betriebsklima bin ich zufrieden	36	9	7	2	1	1		20

Vorgesetzter

		☺	+	•	-	--	Enthaltung	
Ich fühle mich gut betreut	37	3	9	6	1	1		20
Das Verhalten meines Vorgesetzten fördert meine Einsatzbereitschaft	38	8	4	5	2	1		20
Rückmeldungen helfen mir, meine Leistungen zu verbessern	39	6	6	4	3	1		20
Die Kritik bei Fehlern ist immer sachlich und angemessen	40	4	5	3	7	1		20
Ich fühle mich von meinen Vorgesetzten jederzeit gerecht behandelt.	41	4	6	5	4	1		20

Abbildung 42: Befragungsergebnis – Mitarbeiterbefragung

9.1 Verbesserungsvorschläge der MitarbeiterInnen

Zusätzlich zu den fest vorgegebenen Fragen sollten MitarbeiterInnen auch die Möglichkeit erhalten, Verbesserungsvorschläge anzumerken. Diese Verbesserungsvorschläge sind im folgenden Text exemplarisch zusammengefasst. Die aus der MitarbeiterInnenbefragung gewonnenen Verbesserungsvorschläge, Kritiken und Anregungen werden abteilungsweise dargestellt:

> Diese Verbesserungsvorschläge gehören eigentlich nicht in ein Qualitätshandbuch. Sie werden aber hier aufgrund ihrer Bedeutung aufgeführt. Sie sollten nur intern zur Verfügung stehen.

Abteilungsübergreifende Verbesserungsvorschläge
- Maximales Ausschöpfen von personellen sowie materiellen Ressourcen, um einen kontinuierlichen Qualitätsstandard zu halten
- Zweimal jährlich ein persönliches Gespräch mit dem Vorgesetzten (Kritik, Hinweise, Lob)
- Bewusstsein schaffen, dass unsere Kunden Lohn/Gehalt im Hotel finanzieren.
- Motivation durch Lob und Dank ist wünschenswert.
- Motivation aller MitarbeiterInnen und Azubis, einen sorgsamen Umgang mit Hoteleigentum zu pflegen
- Weiterbildung muss stärker gefördert werden.
- Schulung für das Hotelprogramm FIDELIO
- MitarbeiterInnen sollten immer im Sinne des Hotels handeln.
- Bessere Kommunikation zwischen den Abteilungen

Empfang
- Mehr Personal – mindestens 2 Fachkräfte
- Einrichtung einer Reservierungsabteilung mit entsprechenden MitarbeiterInnen, die werktags immer erreichbar ist
- Schnellere Internetverbindung
- Auszubildende sollten verstärkt am Empfang eingesetzt werden.
- Pausenregelung verbessern.
- Weniger Arrangement-Variationen, da es schwer ist, den Überblick zu behalten.

Verwaltung
- Es sollte ein Marketingplan erstellt werden.
- Übersichten über Kosten im Verkauf und im Marketing fehlen.
- Die Budgetierung sollte verbessert werden, dadurch ist die Leistung der einzelnen Abteilungsleiter besser messbar.
- Bessere und funktionellere Zusammenarbeit zwischen Verkauf und Bankett, evtl. im Rahmen einer räumlichen Veränderung
- Schnellere Bearbeitung der Rechnungen unserer Lieferanten, damit der Wareneinsatz im F&B-Bereich ausgewertet werden kann
- Verbesserung der Ablagesysteme
- Häufigere Schulung/Training zu Kommunikation und Gästebetreuung

Etage
- Eine Vertretung für die Hausdame in allen Belangen wäre wichtig.
- Berufliches und Privates wird miteinander verbunden – Betriebsklimaauswirkung sollte beachtet werden.
- Die Umsichtigkeit der Zimmermädchen ist zu verbessern. Auch diese Tätigkeit ist als Dienstleistung für die Gäste zu sehen.
- Service
- Verbesserung der Aufgabenverteilung
- Anrechnung der Überstunden der Fachkräfte
- Urlaubsgeld und Weihnachtsgeld sollen besser geregelt werden.

Aus diesen Hinweisen und Verbesserungsvorschlägen der MitarbeiterInnen ist zu erkennen, wie wichtig es ist, dass regelmäßige Befragungen durchgeführt werden. Nur so kann die Motivation gesteigert werden.

9.2 Maßnahmenplan zur Verbesserung

Folgende beispielhafte Verbesserungsvorschläge seitens der MitarbeiterInnen sieht die Direktion als in nächster Zeit realisierbare Ziele an. Die Erfüllung dieser Ziele ist ein weiterer Meilenstein auf unserem Weg, unseren Dienstleistungsstandard und die Gästezufriedenheit zu erhöhen sowie unser Verantwortungsbewusstsein gegenüber unseren Gästen und MitarbeiterInnen zu konkretisieren. In einer Liste, wie dargestellt, könnten dann die Verbesserungsvorschläge festgehalten und sortiert werden.

Welches Ziel soll erreicht werden?	Mit welchen Mitteln soll das erreicht werden?	Bis wann? Datum oder Zeitraum	Wer prüft die Durchführung?	Wer prüft das Ergebnis?	Sonstige Maßnahmen
Zufriedenheit der Gäste (siehe Fragebogen)	Fragebogen	Auswertung einmal vierteljährlich	Herr Müller	Herr Huber	Fragebogen regelmäßig variieren
Zufriedenheit der MitarbeiterInnen	Fragebogen	Monatliche Auswertung	QMB	Herr Huber	Probleme feststellen und mit MitarbeiterInnen sprechen; auf Verbesserungsvorschläge eingehen
Brandschutz verbessern	Gefährliche, brennbare Materialien in allen Räumen überprüfen	Sofort	Herr Tesch	QMB	Gegebenenfalls Fachmann hinzuziehen
usw.					

9.3 Ständige Verbesserung

Ein wichtiges Element unserer Qualitätspolitik und unserer Qualitätsziele ist die ständige Verbesserung. Daher streben wir eine kontinuierliche Verbesserung, Weiterentwicklung und Aktualisierung unseres Qualitätsmanagementsystems sowie die permanente Steigerung der Effizienz unserer Arbeitsabläufe an. Hierzu beziehen wir alle MitarbeiterInnen ein. Sie sollen aktiv nach Möglichkeiten suchen, um Arbeitsvorgänge zu verbessern. Informationen über Schwachstellen und Fehlerquellen erlangen wir über Audits sowie die Auswertung von Gästebeschwerden und Reklamationen. Daraus resultieren die zu entwickelnden und einzuleitenden Korrektur- und Vorbeugemaßnahmen.

Abbildung 43: Ständige Verbesserung …

9.4   Korrekturmaßnahmen

Wir legen großen Wert darauf, dass unsere MitarbeiterInnen aktiv am Prozess der Fehlerbeseitigung mitwirken mit dem allgemeinen Ziel, langfristig ein erneutes Auftreten von Fehlern zu verhindern. Deshalb sind sie dazu aufgefordert, Fehler und Schwachstellen aufzudecken und unverzüglich an den Qualitätsmanagementbeauftragten weiterzuleiten. Der Qualitätsmanagementbeauftragte ist daraufhin dazu angehalten, geeignete Korrekturmaßnahmen für das Problem zu entwickeln und mit Hilfe der betroffenen Abteilung das Problem zu beseitigen. Die Durchführung und Wirksamkeit sind zu überwachen. Die Korrekturmaßnahmen sowie die Fehlerursachen sollen dokumentiert werden, um wiederkehrende Probleme schneller analysieren und beheben zu können.

9.5   Vorbeugemaßnahmen

Unser Ziel ist es, unserem Gast eine erstklassige und überdurchschnittliche Dienstleistung zu bieten. Daher ist es in unserem Interesse, potenzielle Fehler so früh wie möglich zu erkennen und bestenfalls bereits im Vorfeld zu beseitigen, um einen problemlosen Arbeitsablauf gewährleisten zu können. Aus diesem Grund erweitern wir ständig das Bewusstsein unserer MitarbeiterInnen um die Bedeutung der Qualität in unserem Unternehmen sowie der Bedeutung der Kommunikation untereinander mit dem Ziel der Minimierung und

Vermeidung von Fehlern und der ständigen Verbesserung. Des Weiteren tauschen sich unsere MitarbeiterInnen in regelmäßigen Teammeetings über entstandene Probleme während der Arbeit aus und diskutieren geeignete Vorgehensweisen zu ihrer Beseitigung.

10. Externe Überprüfung – das Audit

Das Handbuch ist endlich fertig, die Mitarbeiterinnen und Mitarbeiter sind geschult, die Prozesse wurden geprüft und sind eingeführt. Die Dokumentation ist vollständig und liegt zur Überprüfung bereit. Das Handbuch kann dem Prüfer, dem sogenannten Auditor, vorgelegt werden. Beim Audit wird nicht so vorgegangen wie bei der Überprüfung eines Autos, denn es handelt sich schließlich um ein von Menschen gesteuertes Unternehmen. Dennoch soll die folgende Checkliste eine gewisse Hilfe sein. Sie ist jedoch großzügig auszulegen, denn die Normen sind schließlich kein Gesetz, sondern eine Hilfe für das Management.

Anbei nochmals die verschiedenen Phasen im Zeitablauf, wie sie in unserem Hotel durchgeführt wurden. Wie aus diesem Phasenplan zu erkennen ist, haben wir uns viel Zeit gelassen, um die einzelnen Bereiche sorgfältig zu planen und durchzuführen.

Projektphasen im Zeitablauf

Projektphasen	Januar	Februar	März	April	Mai	Juni	Juli	August
Vorbereitungsphase								
Einarbeitung in das Thema „QM"	▲							
Beschlussfassung QMS		▲						
Kick-Off/Projektdefinition		▲						
Schulung der MitarbeiterInnen (MA)			▲					
Ist-Analyse und Prozesssammlung			▲					
MA- und Gästebefragung				▲				
Zielplanung				▲				
Planungsphase								
Ernennung eines QMB/Assistenten				▲				
Erstellung eines Organigramms				▲				
Bestimmung der Administratoren				▲				
Erkennung/Erfassung der Prozesse				▲				
Tätigkeits- und Zuständigkeitsbereiche				▲				
Dokumentationsphase								
Arbeitsteam „Prozessdokumentation"				▲				
Prozessdokumentation						▲		
Überprüfung Dokumentation						▲		
Implementierungsphase								
Korrektur/Anpassung der Dokumente						▲		
Freigabe QM-Unterlagen						▲		
Probephase								
Interne Audits							▲	
Verbesserungsmaßnahmen							▲	
Zertifizierungsphase								
Vorprüfung Zertifizierungsinstitution								
Zertifizierungsaudit								▲
Betriebsphase								

157

Die vorliegende Checkliste soll im Überblick zeigen, welche Vorbereitungen vor dem Audit vorzunehmen sind und welche Unterlagen bereitgestellt werden sollen, damit der externe Prüfer ein drei Jahre gültiges Zertifikat vergeben kann.

Beispiele für benötigte Unterlagen	zu erstellen von	zu erstellen bis	fertig
Name des Hotels, Anschrift, Kontaktdaten			
Gegebenenfalls Bild für die Titelseite			
Designvorlage für das Handbuch (Logo, Homepage, Briefpapier etc.)			
Portrait des Hotels			
Unternehmensleitbild mit Visionen für die Zukunft			
Langfristige Ziele und kurzfristig erreichbare Ziele			
Messbare Qualitätsziele mit Kennzahl und Zielvorgabe: was, wo, bis wann			
Qualitätsgrundsätze des Unternehmens und Leitsätze für die Qualitätspolitik des Unternehmens			
Fragebogen Kundenbefragung und deren Auswertung			
Fragebogen zur Mitarbeiterzufriedenheit und die Auswertung			
Stellenbeschreibungen der MitarbeiterInnen (Aufgaben, Verbesserungen, Verantwortung, Vertretung)			
Maßnahmenliste mit geplanten Verbesserungen			
Beschreibung der Lenkung von Dokumenten (Lagerort, Art der Aktualisierung usw.)			
Beschreibung der Umsetzung von Datenschutz- und Datensicherheit			
Organigramm			
Kompetenzmatrix			

Name des oder der Qualitätsbeauftragten, dazu Berufungsschreiben			
Beschreibung der internen und externen Kommunikation			
Beschreibung der Personalauswahl			
Tabellarische Aufstellung der Fähigkeiten der MitarbeiterInnen, genannt Qualifikationsmatrix			
Verfahrensanweisung Einarbeitung neuer MitarbeiterInnen			
Schulungsplan für die nächsten Monate			
Beschreibung der Führungsgrundsätze in Leitlinien			
Benötigte Unterlagen zu Arbeitsumgebung und Infrastruktur (Arbeitssicherheit, Hygiene, Räume und Ausstattung, Bildschirmarbeitsplatz, Anlagen und Betriebsmittel)			
Überblick über die wichtigen Prozesse (Prozesslandkarte)			
Prozessablauf zur Erkennung von Kundenanforderungen			
Prozessablauf Verhalten gegenüber Gästen			
Prozessablauf Gästebeschwerden/Reklamation			
Weitere Prozessbeschreibungen gem. der ermittelten Prozessliste			
Formular zur Erfassung von Lieferfehlern			
Auswertung Lieferantenbewertung			
Reinigungsplan			
Arbeitsanweisung Reinigungspersonal			
Übersicht über mitgeltende Unterlagen			
Anlagen nach individueller Absprache			

Wenn diese oben genannten Unterlagen fertig gestellt sind und zur Verfügung stehen und auch die Aufgaben beschrieben worden sind, kann der Auditor unbesorgt empfangen werden. Er legt meist einen Auditplan vor, aus dem zu erkennen ist, wann er was im Hotel überprüfen möchte.

Institut für Organisationsberatung, Prozessberatung und Zertifizierung integrierter Qualitätsmanagementsysteme

www.qm-germany.de

Zertifizierungsaudit nach DIN EN ISO 9001:2008
Datum: xx.xx.2014
Hotel Berggasthof xxxxx

Dauer: 10.00–19.30 Uhr

IQM-Teilnehmer:
Xxxxxxxx (IQM-Auditor)

Auditteilnehmer: **Mitarbeiter/-innen aus den verschiedenen Bereichen.**

Bitte stellen Sie sicher, dass ein Verantwortlicher je Bereich sowie die anwesenden Mitarbeiter zur Zeit des Audits für Fragen zur Verfügung stehen.

Auditplan – Fragen aus folgenden Bereichen:

1. Geschäftsführung:	**10.00–11.00**

1.1. Allgemeine Daten
1.2. Vision, Ziele, Zukunft, Strategien, neue Aufgaben etc.
1.3. Dienstleistungsangebot
   (Wo wollen wir besser sein als die „anderen"?)

2. Verantwortung der Leitung, Teilnehmer:	**11.15–11.45**

2.1. Managementsystem
2.2. Aufbau- und Ablauforganisation

2.3. Interne Kommunikation
2.4. Verwaltung, Verträge und Dokumentation
2.5. Kennzeichnung und Rückverfolgbarkeit

3. Management der Mittel, Teilnehmer: **12.00–12.30**
3.1. Personal und Personalentwicklung, Schulung
3.2. Bereitstellung von Einrichtungen
3.3. Unterstützende Dienstleistungen
3.4. Arbeitsplatz und Arbeitsumgebung (Klima, Beleuchtung, Lärm usw.)

4. Dienstleistungsrealisierung: **13.00–15.00**
4.1. Bedarfsfeststellung, Marketing und Konzepte
4.2. Kommunikation mit den Gästen und Lieferanten
4.3. Beschaffung und Lagerung
4.4. Lenkung und Überwachung (Geräte, Fahrzeuge, Dokumente etc.)

5. Hotelbesichtigung, dabei werden MitarbeiterInnen befragt
    15.30–18.00

6. Messung, Analyse und Verbesserung:
6.1 Mitarbeiterzufriedenheit
6.2 Interne Audits
6.3 Umgang mit Fehlern, Mängel und Beschwerden
6.4 Vorschlagswesen/Korrektur- und Vorbeugungsmaßnahmen

7. Auswirkungen auf die Umwelt/Arbeitssicherheit: **18.00–19.00**
7.1 Energie und Ressourcennutzung

8. Abschließende Besprechung   **19.30–Ende**

Abbildung 44: Auditplan

Diese abschließende Besprechung soll dem Hotel Hinweise geben, wie das Management insgesamt verbessert werden kann, welche Maßnahmen zu ergreifen sind, um den Erfolg zu verbessern, und wie moderne Managementmethoden auch in diesem Bereich eingesetzt werden können (Change Management, Projektmanagement, Portfoliomanagement, Deckungsbeitragsrechnung usw.). Das bedeutet, dass gute Auditoren nicht einfach in das Hotel kommen, um bestimmte Vorgaben abzuhaken, sondern als Fachleute mit großer Erfahrung dem Hoteldirektor eine gewisse Hilfestellung bieten. Entsprechend sieht natürlich auch der Auditbericht aus, der hier stark verkürzt dargestellt wird. Aus Datenschutzgründen wird nur eine Seite aus einem Protokoll eines englischsprachigen Hotels entnommen.

Audit Protocol:
Leisure Lodge Resort 2014
Department:
Front Office
Interviewed:
Tejas (Head of Front Office Department)

Corrective action:

- Improving staff training in means of product knowledge (GRO), languages and computer skills, especially in regards of the QMS
- The functionality and use of the QMS has to be enhanced with the focus on interdepartmental communication and follow up; the "Leisure Care Team" with its assigned responsibility by the Maintenance department could be a core solution for problematic guest complaint handling
- The follow up of guest complaints should also result in an output analyses (pending, done, not done) on a frequent basis
- The Front Office department needs to be restructured especially in dedicating a single person to guest requests/complaints; taking away pressure from the front desk
- The GRO office needs to be better promoted throughout the hotel and the office as such needs a redecoration to be more costumer friendly (Please put up an "Away-Sign")
- The concierges should also learn German
- Electronic key card locks should be introduce to all rooms due to immense problems caused by keys and could also result in a proper billing system

Mitgeltende Unterlagen

Das Qualitätshandbuch eines großen Flughafens in Deutschland umfasst 36 Seiten. Auf weiteren geschätzten 40–50 Seiten werden detailliert die Unterlagen aufgeführt, die zum Qualitätshandbuch gehören, die jedoch schon aus Gründen des Umfangs, aber auch aus Gründen der Vertraulichkeit in genau beschrifteten Ordnern und natürlich auf den Computersystemen vorhanden sind.

In der folgenden Übersicht werden alle im Handbuch aufgeführten mitgeltenden Dokumente in unserem Hotel gelistet. Alle Dokumente befinden sich in Ordnern in den jeweiligen Bereichen des Hotels oder sind im System unter „Sich QM" elektronisch gespeichert. Durch diese Übersicht werden eine schnelle Auffindbarkeit dieser wichtigen Unterlagen sowie eine klare Strukturierung sichergestellt.

Bezeichnung	Abteilung	Ablage physisch	Ablage elektronisch
Arbeitsverträge der MitarbeiterInnen	Geschäftsführung	Ordner: Verträge	Sich QM (C:)
Schulungsplan	Administration & Verwaltung	Ordner: MitarbeiterInnenschulung	Sich QM (G:)
Mitarbeiterfragebogen zur Stellenbeschreibung	Geschäftsführung	Ordner: Verträge	Sich QM(G:)X
Mitarbeiterfragebogen zur Zufriedenheit	Qualitätsmanagementbeauftragter	Ordner: QM	Sich QM (G:)X
Auswertung Mitarbeiterbefragungen	Qualitätsmanagementbeauftragter	Ordner: QM	Sich QM (G:)X
Gästestatements	Qualitätsmanagementbeauftragter	Ordner: QM	Sich QM (G:)X
Auswertung Gästebefragung	Qualitätsmanagementbeauftragter	Ordner: QM	Sich QM (G:)X

Folgende Bereiche der Normen haben wir nicht erfasst:

- Das Thema Entwicklung
- Produktion
- Lenkung von Überwachungs- und Messmitteln

Ende des Handbuchs

Checklisten für Hotels

Edgar E. Schaetzing

Organisations- und Rationalisierungsprogramm

Der ausgeprägte Sinn für Konvention und Tradition in der Hotellerie hält manches Management von einem durchgreifenden Sparprogramm ab. Kostendruck und harter Konkurrenzkampf auf dem Markt zwingen heute dazu, dass man sich von konservativen Bindungen befreit und notwendige Rationalisierungsmaßnahmen vornimmt. Das gilt sowohl für das kleine Familienhotel als auch für Mittel- und Großbetriebe, die unter stärkerem Personalkostendruck arbeiten. Einem immer größeren, variantenreichen und differenzierten Angebot steht eine immer vielschichtigere Nachfrage gegenüber. Gezielte Ausrichtung der Unternehmenspolitik auf den Markt, objektivere Bewertung der technischen Entwicklung der Hotel- und Gaststättenindustrie sowie deren schnelle Transformation in unternehmerische Leistung, sind heute und morgen die vorrangigen Managementaufgaben. In Frage gestellt werden muss die Notwendigkeit althergebrachter Usancen im Dienstleistungsbereich besonders dann, wenn der Gast nicht bereit ist, den Preis dafür zu zahlen. Über allem Wirtschaftlichkeitsdenken sollte jedoch der Grundsatz stehen: „Rationalisierung nur bis zum Gast, nie zu Ungunsten des Gastes!"

Folgende Checkliste dient zur Anregung für ein Organisations- und Rationalisierungsprogramm. Markieren Sie die „Aktionspunkte", die Sie für sich korrigieren wollen.

Checkliste

	schon berücksichtigt	nicht anwendbar	Aktion
1. Der Betrieb muss den Gegebenheiten des vorhandenen Standortes angepasst werden:			
a) Die Betriebsform (Voll-Hotel, Hotel-Garni, Saison-Hotel) entspricht der wirtschaftlichsten Nutzung der bestehenden Räumlichkeiten.	❏	❏	❏

b) Die Qualität ist dem zu erwartenden Gästekreis angepasst. ❑ ❑ ❑

c) Die äußere Aufmachung spricht den in Frage kommenden Gästekreis an. ❑ ❑ ❑

d) Die Anordnung der Restaurationsräume ist auf die Standortverhältnisse abgestimmt (separate Eingänge, keine Geruchs- und Geräuschbelästigung, keine Kreuzung von Gäste-, Servier- und Wirtschaftswegen). ❑ ❑ ❑

e) Das Warenangebot entspricht dem am Standort in Betracht kommenden Gästekreis. ❑ ❑ ❑

f) Die Verkehrsanschlüsse und Verkehrsmittel sind bei der Betriebsorganisation berücksichtigt (Schaffung von Parkplätzen, Tankstelle, Kleinbus für Ausflugsbetrieb). ❑ ❑ ❑

g) Die Konkurrenzverhältnisse am Standort haben die Betriebsform mitbestimmt (andere Öffnungszeiten, anderer Gästekreis, Spezialisierung). ❑ ❑ ❑

2. Das Verkaufsprogramm bestimmt die Art der Küche, des Services und des Gästeraumes. ❑ ❑ ❑

3. Transportwege sind mit Arbeits- und Diensteinteilung so gestaltet, dass Arbeitswege und Leerlauf abgekürzt werden. ❑ ❑ ❑

4. Die Öffnungszeiten der Restaurationsräume sind den Gegebenheiten des Standortes der Auslastung entsprechend festgelegt. ❑ ❑ ❑

5. Durch interne Schulung und Weiterbildung von ungelerntem Personal ist eine stetige Steigerung der Produktivität je Kopf gewährleistet. ❑ ❑ ❑

6. Um Verbesserungsideen der Mitarbeiter zu gewinnen, ist das Vorschlagswesen eingeführt. ❑ ❑ ❑

7. Im eigenen Betrieb wird „Lohn für Leistung statt Bereitschaft" gezahlt. ❑ ❑ ❑

8. Laufende Konkurrenzanalyse dient zur Produktdifferenzierung und Produktverbesserung. ❑ ❑ ❑

9. Die Möglichkeit, verschiedene Tätigkeiten wie Beschaffung und Werbung mit anderen Unternehmen zusammenzulegen, ist ausgeschöpft. ❑ ❑ ❑

10. Vor jedem Einkauf werden mehrere Offerten eingeholt, Mengenrabatte, vergünstigte Jahresabschlüsse und beste Zahlungsbedingungen vereinbart. ❑ ❑ ❑

11. Genaue Richtlinien für die Wareneingangskontrolle (Qualität und Quantität), Kontrolle der Lieferscheine und Rechnungen und der Bezahlung kennzeichnen den Arbeitsablauf der Warenbeschaffung. ❏ ❏ ❏

12. Angebotsverbesserung wird bei Erstellung von Verkaufs- und Produktionsplänen berücksichtigt. ❏ ❏ ❏

13. Die Gäste werden in ansprechender Form aufgefordert, sich zur Produktion und zu den Dienstleistungen des Betriebes zu äußern. ❏ ❏ ❏

14. Die praktischen Möglichkeiten für den Automateneinsatz im Betrieb sind erkannt und wo immer wirtschaftlich und marktgerecht eingesetzt:

a) Handtuch-, Zahngläser-, Seifen-, Wäsche-, Briefpapier-, Prospekt- und Postkartenautomaten ❏ ❏ ❏

b) Wasch- und Reinigungsautomaten ❏ ❏ ❏

c) Musik-, Spiel- und Zigarettenautomaten ❏ ❏ ❏

d) Personalgetränke, Personalverpflegungsautomaten ❏ ❏ ❏

e) Schlüssel-, Informations- und Tresorautomaten ❏ ❏ ❏

f) Service-Bar-Automat für Gäste ❏ ❏ ❏

g) Frühstücksautomat für Gästezimmer ❏ ❏ ❏

h) Zimmerkontrollautomat für Empfang und Hausdame ❏ ❏ ❏

i) Zimmerdienst mit Gegensprechanlage ❏ ❏ ❏

j) Automatischer Gebührenzähler für Telefonanlagen ❏ ❏ ❏

k) Banknoten- und Münzwechselautomaten ❏ ❏ ❏

l) Automatische Weckanlage für Gästezimmer ❏ ❏ ❏

m) Schuhputzautomaten für den Gast ❏ ❏ ❏

n) Einsatz von Paternosterlift, Rolltreppen, Förderbändern, vollautomatische Behälterförderanlagen (Gepäck, Wäsche, Geschirr) ❏ ❏ ❏

o) Automatische Türen (Serviceeingänge) ❏ ❏ ❏

p) Automatenrestaurant ❏ ❏ ❏

q) Küchenautomation (Convenience Foods) ❏ ❏ ❏

r) Computereinsatz in der Verwaltung, Rechnungswesen ❏ ❏ ❏

s) Klimaanlage mit automatischer Steuerung ❏ ❏ ❏

t) Rohrpostautomaten ❏ ❏ ❏

u) Schreibautomaten für die Verwaltung ❏ ❏ ❏

v) Lichtrufanlage für Personal ❏ ❏ ❏

15. Information aus Fachzeitungen, Fachzeitschriften, Fachbüchern, Prospekten, Tagungen und Konferenzen werden an die MitarbeiterInnen im Betrieb weitergeleitet. ❏ ❏ ❏

16. Drucksachen, Formulare, Vordrucke für das Bestell-, Bestätigungs-, Einkaufs-, Kontroll-, Statistik-, Personal-, Energie- und Rechnungswesen sind vereinheitlicht und rationalisiert eingesetzt. ❏ ❏ ❏

17. Für Schreibarbeiten in der Verwaltung gibt es ein zentrales Schreibbüro. Wir nutzen am Computer ein Spracheingabesystem. ❏ ❏ ❏

18. Sämtliche Dienstleistungen des Hotels sind daraufhin untersucht worden, ob der Gast sie als überflüssig empfindet oder sie als besondere Serviceleistung schätzt. ❏ ❏ ❏

19. Zum gezielten Personaleinsatz wurde die Gästefrequenz des Betriebes nach Monaten, Wochentagen und Stunden untersucht. ❏ ❏ ❏

20. Das Personal ist flexibel einsetzbar. ❏ ❏ ❏

21. Genaue Analyse des eingesetzten Personals schafft Leistungsmaßstäbe und einen Überblick über Ausbildungserfordernisse (zum Beispiel erstellte Zimmer je Tages-Nacht-Zimmermädchen). ❏ ❏ ❏

22. Gestaffelte Dienstpläne in Anpassung an das unterschiedlich anfallende Geschäftsvolumen sind in den verschiedenen Abteilungen eingeführt. ❏ ❏ ❏

23. Nachtreinigungsarbeiten des Hotels werden von sehr früh zur Arbeit eingesetzten Zimmermädchen übernommen. ❏ ❏ ❏

24. Hoteldiener, Pagen sind zusätzlich zur Hilfe der Hausdame auf den Etagen berufen und werden nur bei Bedarf durch ein Rufsystem in der Empfangshalle eingesetzt. ❏ ❏ ❏

25. Die Kosten für Gästedrucksachen sind durch Reduzierung der Anzahl der Farben und mit Einsatz von Werbematerial von anderen Firmen auf ein Minimum herabgesetzt. ❏ ❏ ❏

26. Unnötiger Büroplatz kann eventuell in zusätzliche Gästezimmer oder sonstige vermietbare Räume umfunktioniert werden. ❏ ❏ ❏

27. Grundsätzlich werden die Kosten für Außer-Haus-Arbeiten vorher den Eigenfertigungskosten gegenübergestellt. ❏ ❏ ❏

28. Für Frühstücksbestellungen auf den Zimmern werden „Türanhänger-Bestellungen" benutzt, um die Telefonbestellungen am Morgen zu reduzieren und den Frühstücksservice besser planen zu können. ❑ ❑ ❑

29. Die Aufstellung eines Frühstücksbuffets im Restaurant erfordert weniger Service-Personal. ❑ ❑ ❑

30. Während ruhiger Geschäftsmonate wird die Einkaufspolitik geändert: zum Beispiel Mayonnaise, Pommes Frites, Auslösung und Portionierung größerer Fleischstücke, Grundvorbereitungsarbeiten werden vom eigenen Personal übernommen. ❑ ❑ ❑

31. Regelmäßige Überprüfung des Abfalls und der zurückgelassenen Beilagen vom Restaurant geben Aufschluss über die zu verwendenden Portionsgrößen. ❑ ❑ ❑

32. Für jede Großveranstaltung wird vorher eine Gewinn- oder Verlustprognose erstellt. ❑ ❑ ❑

33. Die Möglichkeit der Erhöhung der Sitzplatzkapazität in den gut gehenden Restaurants ist ausgeschöpft. ❑ ❑ ❑

34. Während der Nacht wird der Telefondienst vom Nachtportier übernommen. ❑ ❑ ❑

35. Die Garderobenbetreuung läuft auf Konzessionsbasis. ❑ ❑ ❑

36. Öffentliche Räume werden mit vermieteten Vitrinen und Schaufenstern wirtschaftlich genutzt. ❑ ❑ ❑

37. Umtauschgewinne bei ausländischen Währungen fließen dem Hotel zu. ❑ ❑ ❑

38. Ein genauer Beleuchtungs- und Klimatisierungsplan nach Jahres- und Tageszeit hilft Kosten senken. ❑ ❑ ❑

39. Nicht belegte Etagen können separat klimatisch-technisch betreut werden, um Energiekosten zu sparen. ❑ ❑ ❑

40. Wirkungsvolle Kontrolle und organisiertes Mahnwesen für noch offenstehende Kundenrechnungen sind eingeführt. ❑ ❑ ❑

41. Stromverbrauch und Einschaltung der Klimaanlagen werden bei Bankett-Veranstaltungen genau kontrolliert. ❑ ❑ ❑

42. Aufgrund von Zeit-, Frequenz- und Arbeitsablaufstudien ist das gesamte Empfangspersonal wechselseitig auf die verschiedenen Aufgaben trainiert und einsetzbar. ❑ ❑ ❑

43. Personalintensive, kunsthandwerkliche Einzelproduktionen im Küchenbereich sind auf das Minimum reduziert. ❑ ❑ ❑

44. Für den Frühstück-Zimmerservice sind Halbtagskräfte eingestellt, die zur Mittagszeit für den Zimmerservice nicht benötigt werden. ❏ ❏ ❏

45. Genaue Portionskontrolle und wo immer möglich Portionsabpakkungen (wie für Butter, Sahne, Zucker, Marmelade) helfen, den Warenaufwand zu reduzieren. ❏ ❏ ❏

46. Checklisten für alle technischen Geräte dienen nicht nur der Sicherheit, sondern auch der Energieeinsparung. ❏ ❏ ❏

47. Das konventionelle Bereitschaftssystem für die Zimmerreinigung mit der sogenannten „Reviereinteilung" ist zu personalaufwendig und abgeschafft. ❏ ❏ ❏

48. Bei Renovierungen und baulichen Veränderungen wird auf Arbeitsvereinfachung, pflegeleichtes und unempfindliches Material geachtet. ❏ ❏ ❏

49. Die „Gastro-Norm"-Einrichtung, das weltweit gebräuchliche Behältersystem, ermöglicht eine wirksame Rationalisierung des Arbeitsablaufes und des Warenflusses von der Anlieferung über Lager, Produktion, Fertigung und Service bis zum Gast durch die Schaffung genormter Transport-, Aufbewahrungs- und Arbeitseinheiten. ❏ ❏ ❏

50. Unter Rationalisierung versteht man die Summe gezielter Maßnahmen mit dem Ziel der Arbeitsvereinfachung, um ein Maximum an Leistung mit einem Minimum an Aufwand in personeller und materieller Hinsicht zu erreichen: einfacher, schneller, billiger, besser und sicherer. ❏ ❏ ❏

Führungsverhalten in der Hotellerie

Oft herrscht die Meinung vor, zum „Manager müsse man geboren sein". Entweder hat man die natürliche Begabung zum „Manager" oder man hat sie nicht und wird sie auch nicht erlernen. Nun, mit dieser Verallgemeinerung wird niemand zufrieden sein können. Managementtätigkeiten, wie Probleme erkennen, Ziele setzen, planen, entscheiden, delegieren, koordinieren, kontrollieren und informieren, setzen bewusst oder unbewusst Führungstechniken voraus, die erlernbar sind.

Schätzen Sie sich selbst ein durch die ehrliche Beantwortung des folgenden Tests. Stellen Sie fest, wo Sie jetzt stehen. Lassen Sie die Antworten von ein bis zwei vertrauten MitarbeiterInnen gegenchecken!

Checkliste zur Diskussion mit den MitarbeiterInnen

1. Ich lasse jeden Mitarbeiter so arbeiten, wie dieser es im Rahmen der betrieblichen Aufgabe für sinnvoll hält. Ziele für erwartete Leistungen werden nicht gesetzt.
Ja □ **Nein** □

2. Bevor ich ein wichtiges Projekt in Angriff nehme, bitte ich meine Mitarbeiter um Vorschläge.
Ja □ **Nein** □

3. Ich versuche, die Arbeitsleistung mit der geringstmöglichen Zahl von Mitarbeitern zu erfüllen und überprüfe ständig die qualitative wie auch die quantitative Arbeitsleistung meiner Mitarbeiter.
Ja □ **Nein** □

4. Die mit ihrer Arbeit unzufriedenen, aber sonst fähigen Angestellten transferiere ich in andere Abteilungen.
Ja □ **Nein** □

5. Die Arbeit wird immer so zugeteilt, wie es mir am günstigsten erscheint. Stellen- und Arbeitsplatzbeschreibungen spielen hierbei keine Rolle.
Ja □ **Nein** □

6. Untauglichen Mitarbeitern stelle ich die Wahl: Entweder schneller und besser arbeiten oder den Betrieb verlassen.
Ja □ **Nein** □

7. Konformistische Mitarbeiter, die mir unwidersprochen folgen, werden von mir bewusst oder unbewusst bevorzugt.
Ja □ **Nein** □

8. Meine besten Mitarbeiter schlage ich zur Beförderung für noch qualifiziertere Aufgabenbereiche vor.
Ja □ **Nein** □

9. Mein persönliches Verhältnis zu den Mitarbeitern beeinflusst entscheidend die Arbeits- und Leistungsbewertung; ein objektiver Leistungsvergleich ist nicht erforderlich.
Ja □ **Nein** □

10. Das mir direkt unterstellte Personal muss von meinem eigenen Aufgaben- und Verantwortungsbereich bestens informiert sein.
Ja □ **Nein** □

11. An mich selbst stelle ich die gleichen Anforderungen wie an meine Mitarbeiter und versuche ständig, meine persönlichen Ziele in Übereinstimmung mit den betrieblichen Zielen zu bringen.
Ja □ **Nein** □

12. Ich bin bemüht, die persönlichen Abneigungen meiner Mitarbeiter untereinander abzubauen und zu beseitigen.
Ja □ **Nein** □

13. Es ist angebracht, über Kosteneinsparungen und Einschränkungen mit seinen Mitarbeitern zu sprechen.
Ja □ **Nein** □

14. Ich lasse zu, dass mehrere Abteilungsleiter unkoordiniert das Gleiche tun.

Ja ☐ **Nein** ☐

15. Ich fordere meine Mitarbeiter auf, ihre Probleme selbst zu lösen, ohne jemanden um Rat zu fragen. **Ja** ☐ **Nein** ☐

16. Über die Unternehmensziele und die unternehmenspolitischen Grundsätze bin ich genau informiert und gebe diese Informationen weiter. **Ja** ☐ Nein ☐

17. Ich informiere meine Mitarbeiter erst dann, wenn alle Überlegungen abgeschlossen sind, die Angelegenheit klar entschieden und in allen Einzelheiten festgelegt ist. Ja ☐ **Nein** ☐

18. Zur Unterrichtung meiner Mitarbeiter wähle ich den passenden Zeitpunkt und das richtige Informationsmittel:

a) sachliche, keiner Diskussion bedürfende Informationen können schriftlich abgefasst werden; **Ja** ☐ Nein ☐

b) persönliche Informationen nur im Gespräch unter vier Augen; **Ja** ☐ Nein ☐

c) allgemein interessierende Informationen werden in Konferenzen zur Diskussion gestellt. **Ja** ☐ Nein ☐

19. Alle Beförderungen in meinem Betrieb basieren darauf, wie lange ein Mitarbeiter schon bisher für mich tätig war. Ja ☐ **Nein** ☐

20. Es gehört zu meinen Aufgaben, für Erholungsprogramme meiner Mitarbeiter zu sorgen, wie zum Beispiel Bildung von Sportgemeinschaften, Hobby-Clubs, sonstige Interessengemeinschaften. **Ja** ☐ Nein ☐

21. Es ist wünschenswert, in periodischen Abständen die Einstellung meiner Mitarbeiter zum Unternehmen selbst und dessen geschäftspolitischen Richtlinien zu überprüfen. **Ja** ☐ Nein ☐

22. Es ist ratsam, Angestellte zu bitten, für mögliche Neueinstellungen Vorschläge zu machen. **Ja** ☐ Nein ☐

23. Meine Mitarbeiter sind von der Notwendigkeit bestimmter Kontrollen im Rahmen des Führungssystems mit Delegation der Aufgaben und Kompetenzen überzeugt.

Ja ☐ Nein ☐

24. Immer dort, wo eine „Panne" passierte, konzentriere ich meine Kontrollaufgaben.

Ja ☐ **Nein** ☐

25. Ich kontrolliere übermäßig stark Tätigkeiten, die mir aufgrund meiner bisherigen Laufbahn sehr naheliegen. Ja ☐ **Nein** ☐

26. Die Mitarbeiter, deren Vorschläge zu einer Einsparung geführt haben, werden zum Teil an der Einsparung geldmäßig beteiligt. **Ja** ☐ Nein ☐

27. Ich kontrolliere nur die mir direkt unterstellten Mitarbeiter, stelle ich Mängel in untergeordneten Bereichen fest, unterrichte ich den zuständigen Vorgesetzten.

Ja ☐ Nein ☐

28. Von jedem meiner Abteilungsleiter verlange ich monatlich Rechenschaft über Kosten, Qualität und Quantität der geleisteten Arbeit. **Ja** □ **Nein** □

29. Es ist ratsam, bei den Mitarbeitern auf Wert und Kosten der einzelnen Artikel (wie Geschirr, Gläser, Silber) hinzuweisen. **Ja** □ **Nein** □

30. Klagen meine Mitarbeiter über gesundheitlich nicht einwandfreie Arbeitsbedingungen, gehe ich dem nach und sorge für Abhilfe. **Ja** □ **Nein** □

31. Abteilungsleiter darf man für die Qualität der in den Abteilungen geleisteten Arbeit verantwortlich machen. **Ja** □ **Nein** □

32. Ich kümmere mich vorbeugend um die Gesundheit meiner Mitarbeiter (regelmäßige Untersuchungen, Impfungen). **Ja** □ **Nein** □

33. Meine Abteilungsleiter sind aufgefordert, wenigstens eine Woche im Jahr Mitbewerberbetriebe aufzusuchen. **Ja** □ **Nein** □

34. Das Vorschlagswesen seitens der Mitarbeiter dient als reines Rationalisierungsmittel. Ja □ **Nein** □

35. Meine Mitarbeiter werden ständig aufgefordert, sich darüber Gedanken zu machen, welche Arbeitsvorgänge man schneller, einfacher und sicherer durchführen kann. **Ja** □ **Nein** □

36. Die Gedanken und die Einstellungen meiner Mitarbeiter sind so lange für mich gleichgültig, wie sie ihre Arbeit ordentlich verrichten. Ja □ **Nein** □

37. Lobt man seine Mitarbeiter zu sehr, werden die Gehaltsforderungen stärker. Ja □ Nein □

38. Kümmert man sich um die Schwierigkeiten seiner Mitarbeiter, ermutigt man sie damit nur zu weiterem Protest über die Arbeitsbedingungen. Ja □ **Nein** □

39. Ich versuche, alle Mitarbeiter zu permanenter Weiterbildung anzuhalten, selbst wenn die Fortbildung über die Erfordernisse des gegenwärtigen Arbeitsplatzes hinausgeht. **Ja** □ Nein □

40. Was die Mitarbeiter während ihrer Freizeit tun, sollte für das Hotelmanagement nicht von Interesse sein. Ja □ **Nein** □

41. Die Art und Weise, wie der einzelne Mitarbeiter von seinen Kollegen behandelt wird, entscheidet oft darüber, ob der Betreffende zufrieden mit seiner Arbeit ist oder nicht. **Ja** □ Nein □

42. Die aktive Mitwirkung bei der Ausbildung meiner Mitarbeiter sehe ich als wesentliche Führungsaufgabe an. **Ja** □ Nein □

43. Bei der Besetzung von Führungspositionen sind allein die fachlichen Qualifikationen ausschlaggebend, Führungsqualitäten sind von untergeordneter Bedeutung. Ja □ **Nein** □

44. Wird ein neuer Abteilungsleiter eingestellt, ist es ratsam, die Aufgaben dieser Position in Übereinstimmung mit den Fähigkeiten der Führungskraft neu zu formulieren. **Ja** □ **Nein** □

45. Bessere Resultate können dann erzielt werden, wenn zwei oder mehrere Vorgesetzte für eine bestimmte Aufgabe verantwortlich sind. **Ja** □ **Nein** □

46. Mitarbeiter, die schnell lernen, vergessen gewöhnlich auch schnell wieder. **Ja** □ **Nein** □

47. Die Einführung neuer Mitarbeiter sollte vom direkten Vorgesetzten vorgenommen werden. **Ja** □ **Nein** □

48. Die Interessen des Managements stehen immer in direktem Gegensatz zu den Interessen der Arbeitnehmer. Konflikte lassen sich nie vermeiden. **Ja** □ **Nein** □

49. Besteht kein Vertrauensverhältnis zwischen Mitarbeitern und Vorgesetzten, ist der Vorgesetzte für diesen Posten nicht geeignet. **Ja** □ **Nein** □

50. Die Fähigkeit, Mitarbeiter zu führen, ist angeboren und nicht erlernbar. **Ja** □ **Nein** □

Personaleinsatz in der Hotellerie – Einführung neuer Mitarbeiter

Personalpolitik und Personaleinsatzplanung sollten heute mindestens genauso ernst und wichtig genommen werden wie die Planungen der Investition, der Produktion (zum Beispiel Küche) und des Absatzes. Viel Zeit wird benötigt und Geld eingesetzt, um qualifiziertes Personal zu finden und zu gewinnen. Einer sorgfältigen Bewerberauswahl muss eine systematische Einführung des neuen Mitarbeiters folgen. Berücksichtigt man die hohe Fluktuationsbereitschaft neuer MitarbeiterInnen in den ersten Monaten der Betriebszugehörigkeit und den damit verbundenen Kostenaufwand, so nimmt die Personaleinführung in den Hotelbetrieb eine Schlüsselrolle ein. Eine optimale Integration neuer MitarbeiterInnen in das Betriebs- und Gruppengefüge erfordert nicht nur die Beachtung sachlicher, sondern auch vermehrt soziologischer und psychologischer Gesichtspunkte.

Folgende Checkliste dient zur Anregung und als Basis für ein gezieltes Einführungsprogramm neuer MitarbeiterInnen.

Checkliste

1. Die Einstellung des Mitarbeiters in den Betrieb entscheidet häufig über die Einstellung des Mitarbeiters zum Betrieb. ❏ ❏ ❏

2. Die Aufklärung des neuen Mitarbeiters muss seiner zukünftigen Stellung im Betrieb entsprechen (ein Vorgesetzter muss über mehr Dinge aufgeklärt werden als eine Hilfskraft). ❏ ❏ ❏

3. Mit jedem neu eintretenden Mitarbeiter wird ein schriftlicher Arbeitsvertrag geschlossen. ❏ ❏ ❏

4. Klare Information erhält jeder Mitarbeiter über die Arbeitszeit (z.B. Beginn und Ende der Arbeitszeit, erforderliche Dienstplananpassung an das Geschäftsvolumen, Pausenregelung, Schichtarbeit, Überstundeneinsatz, gleitende Arbeitszeit). ❏ ❏ ❏

5. Vor Abschluss des Arbeitsvertrages wird der Mitarbeiter über die Zusammensetzung des Arbeitsentgeltes genauestens informiert. ❏ ❏ ❏

6. Jeder neue Mitarbeiter wird über die Verhältnisse am Ort des Betriebes informiert (z.B. Verkehrsverbindungen, Ämter der Stadt, Wohnungsvermittlung). ❏ ❏ ❏

7. Sicherheitsvorschriften am Arbeitsplatz, Maßnahmen zur Unfall- und Feuerverhütung werden jedem neu eintretenden Mitarbeiter ausgehändigt und erklärt. ❏ ❏ ❏

8. Vor Arbeitsantritt werden Mitarbeiter über Aufstiegs- und Salärfragen und innerbetriebliche Weiterbildungsmöglichkeiten informiert. ❏ ❏ ❏

9. Nicht nur materielle Bedingungen sind bei einer Anstellung allein ausschlaggebend. ❏ ❏ ❏

10. Neben dem direkten Vorgesetzten werden neuen Mitarbeitern weitere Ansprechpartner für Rat und Hilfe genannt (z.B. Betriebsrat, Hausarzt, Personalchef). ❏ ❏ ❏

11. Soziale Einrichtungen des Betriebes werden bei der Einführung neuer Mitarbeiter hervorgehoben (z.B. Sporteinrichtungen, Ferienheime, Freizeitgruppen, Betriebsbücherei, Betriebskindergarten, Betriebsfürsorge). ❏ ❏ ❏

12. Soziale Leistungen des Betriebes sind jedem Neueintretenden genau zu erläutern. ❏ ❏ ❏

13. Die Personalfluktuation in der ersten Zeit der Einarbeitung ist besonders hoch. ❏ ❏ ❏

14. Eine gründliche Einführung in die neuen Arbeitsverhältnisse liegt im Interesse der Arbeitssicherheit und Unfallverhütung. Die Unfallgefährdung ist im ersten Halbjahr nach einem Neuanfang etwa doppelt so hoch wie im zweiten Halbjahr. ❏ ❏ ❏

15. Dem neuen Mitarbeiter wird eine Orientierungsschrift über den Betrieb ausgehändigt. ❏ ❏ ❏

16. Eine Stellenbeschreibung für leitende Angestellte oder eine Arbeitsplatzbeschreibung für untere Positionen wird ausgehändigt. ❏ ❏ ❏

17. Eine Vorstellung des neuen Mitarbeiters mit seinen zukünftigen Arbeitskollegen ist unbedingt erforderlich. ❏ ❏ ❏

18. Vor dem Eintritt werden dem neuen Mitarbeiter der Betrieb, der spezielle Arbeitsplatz und die wichtigsten Diensträume gezeigt. ❏ ❏ ❏

19. Der neue Mitarbeiter wird über die Hausordnung des Betriebes, Verpflegung, Regelung bei Fernbleiben, Krankheiten erschöpfend informiert. ❏ ❏ ❏

20. Über Änderungen technischer, organisatorischer oder personeller Art werden die Mitarbeiter rechtzeitig und ausreichend informiert und vorbereitet. ❏ ❏ ❏

21. Vor der Einführung des neuen Mitarbeiters wird die zukünftige Arbeitsgruppe informiert über

a) Person des neuen Mitarbeiters, ❏ ❏ ❏

b) Ausbildung und beruflichen Werdegang, ❏ ❏ ❏

c) zukünftige Aufgaben innerhalb der Arbeitsgruppe, ❏ ❏ ❏

d) Kompetenzen nach erfolgter Einarbeitung. ❏ ❏ ❏

22. Neue Mitarbeiter müssen fühlen, dass man sie erwartet, sich über ihre Ankunft freut, sie als Mensch behandelt und nicht als reine Arbeitskraft. ❑ ❑ ❑

23. Die Situation des neuen Mitarbeiters (Unsicherheit, Angst, Befangenheit, Nervosität, guter Wille, Hoffnungen, Erwartungen, Stolz) wird beim Einführungsgespräch berücksichtigt. ❑ ❑ ❑

24. Eindrücke und Erlebnisse, die Mitarbeiter während der ersten Stunden und Tage des Neubeginns erfahren, prägen sich besonders nachhaltig ein. ❑ ❑ ❑

25. Die Vororientierung der neuen Mitarbeiter wirkt entscheidend auf Leistungswillen und auf die zukünftige Bereitschaft, sich an das neue Unternehmen innerlich zu binden. ❑ ❑ ❑

26. Die Einführung der Mitarbeiter sollte sich nicht nur auf die auszuführende Arbeit, sondern auch auf die Arbeitsgruppe und das Unternehmen beziehen. ❑ ❑ ❑

27. Bei der Zuordnung neuer Mitarbeiter zu bereits im Betrieb in dieser Funktion arbeitenden Kollegen spielt auch die Altersstruktur eine wichtige Rolle. ❑ ❑ ❑

28. Es wird dafür gesorgt, dass neue Mitarbeiter gemäß ihren Neigungen (Interessen, Wünschen) aber auch ihren Fähigkeiten (Intelligenz, Begabungen) entsprechend eingesetzt werden. ❑ ❑ ❑

29. Der Vorgesetzte sorgt für eine positive Einordnung in die Arbeitsgruppe. In der anfänglichen Bewährungssituation unterstützt er den „Neuen". ❑ ❑ ❑

30. Bei Neubesetzung von Vorgesetztenstellen spielen die Erfahrungen, die unterstellte Mitarbeiter mit dem Vorgänger gemacht haben, für die Verhaltensbeurteilung des Nachfolgers eine große Rolle. ❑ ❑ ❑

31. Alarm- und Rettungsanlagen im Betrieb, Suchanlagen, Telefon, Rohrpost, Maschinen und Lifte werden dem neuen Mitarbeiter erklärt. ❑ ❑ ❑

32. Nach der Einarbeitungszeit wird überprüft, ob der Mitarbeiter seiner Arbeit voll gewachsen ist, sich an Arbeitsaufgabe und Arbeitsgruppe angepasst hat und zumindest das durchschnittliche Leistungsniveau erreicht hat. ❑ ❑ ❑

33. Einführungsinformationen sind nicht allein von der Personalabteilung vorzunehmen; der direkte Vorgesetzte darf sich nicht auf die reine Arbeitszuteilung beschränken. ❑ ❑ ❑

34. Die Unternehmensführung unterstützt neu eingestellte Vorgesetzte gegenüber den Erwartungen der gleichrangigen Kollegen und untergeordneten Mitarbeiter. ❏ ❏ ❏

35. Führungsfehler im menschlichen Bereich lassen Erlebnisse, Erfahrungen, emotionale Eindrücke und Werteinstellungen bestehen, die erst nach einem längeren Lernprozess wieder abgebaut werden können. ❏ ❏ ❏

36. Während der Einführungszeit kontrolliert, korrigiert und vergewissert sich der Vorgesetzte, ob die Arbeiten des neuen Mitarbeiters auch im Einklang mit der Geschäftspolitik des Betriebes ausgeführt werden. ❏ ❏ ❏

37. Es ist ratsam, dem neuen Mitarbeiter ein Verzeichnis der Personen zu übergeben, mit denen er es zukünftig zu tun haben wird. ❏ ❏ ❏

38. Es ist empfehlenswert, neben dem direkten Abteilungsleiter auch in jeder Abteilung einen so genannten „Paten" zu haben, der sich bemüht, dem neuen Mitarbeiter die Einordnung in den Betrieb und in die Arbeitsgruppe zu erleichtern. ❏ ❏ ❏

39. Bevor eine direkte Einführung in die Arbeitsaufgaben erfolgt, werden dem Mitarbeiter die Zusammenhänge der Tätigkeit mit anderen Arbeitsplätzen und Abteilungen erläutert. ❏ ❏ ❏

40. Betriebliche Unterweisung heißt „Lernen helfen"

a) Vorbereitung des Mitarbeiters auf die Arbeitsunterweisung ❏ ❏ ❏

b) Demonstration und Erklärung der Lernschritte ❏ ❏ ❏

c) Aktives Selbstausführen des Mitarbeiters ❏ ❏ ❏

d) Erfolgskontrolle der Unterweisung ❏ ❏ ❏

Marktanalyse zum Hotelstandort

In der nachfolgenden Checkliste finden Sie noch einige Punkte, die Sie überdenken sollten, wenn Sie ein Hotel eröffnen oder aber Ihren jetzigen Standort überprüfen wollen:

A. Allgemein
1. Allgemeine Beschreibung der Stadt (Größe, Handel und Industrie etc.)
2. Regierungsform

178

a) Art der Regierung

b) Stabilität

c) Bereitwilligkeit zur Zusammenarbeit

d) Unterlagen des Fremdenverkehrsamtes

e) Bearbeitung von Visa und aller den Tourismus betreffenden gesetzlichen Bestimmungen

3. Sehenswürdigkeiten der Stadt und näheren Umgebung mit Entfernungs- und Fahrzeitangabe vom Projektplatz (Museen, Sportveranstaltungen, Festspiele, sonstige Darbietungen, Veranstaltungskalender)

4. Lagebeschreibung

a) Stadtplan mit Einzeichnung des Grundstückes (Projektplatz)

b) Beschreibung der unmittelbaren Umgebung

c) Zimmerbelegung pro Monat für verschiedene vergleichbare Hotels und deren Entwicklungstrend während der vergangenen Jahre

d) Bestimmung des Herkunftslandes der Gäste und Entwicklungstrend während der vergangenen Jahre

e) Durchschnittliche Aufenthaltsdauer der Gäste; in- und ausländische Gäste getrennt aufführen

f) Zweck des Besuches (geschäftlich oder Urlaub)

B. *Bundeszentrale für Fremdenverkehr und örtliche Fremdenverkehrsämter*

1. Brauchbare Statistiken der letzten 5 Jahre

2. Künftige Weiterentwicklung aller zum festen Programm gehörenden internationalen Veranstaltungen (Unterkunftsmöglichkeiten, Tagungsstätten und Messehallen)

3. Von der Stadt geplante Ausbau- und Förderungsmaßnahmen des örtlichen Fremdenverkehrs

4. Welche inländischen Fluggesellschaften waren Zubringer für welche Länder?

5. Welche internationalen Fluggesellschaften waren Zubringer für dieses Land?

6. Andere Mittel der Verkehrsbeförderung mit Ausgangsort

7. Von Reisebüros gestartete Werbeaktionen und angebotene Pauschalreisen im Lande

C. *Wichtigste Geschäfts- und Industriezweige*

1. Aufstellung aller in- und ausländischen Unternehmen im Einzugsgebiet

2. Industrie- und Handelskammer

3. Leistungsfähigkeit dieser Institutionen:

a) Ständige Besucher von Übersee

b) Örtliche, inländische und internationale Tagungen

c) Regionale Bedeutung für das Restaurantgeschäft

4. Lebensmittel- und Getränkepreise und sonstige Aufwendungen (bestehende Märkte, freier Handel, Supermärkte, Großhandel)

5. Auswahl von Menüs von gut geführten Restaurants

6. Preisstruktur und Durchschnittserlös pro Gast in vergleichbaren guten Restaurants und Nacht-Klubs

7. Abteilungsbezogener Betriebsaufwand; Prozentsätze vergleichbarer Hotels/Restaurants

D. *Löhne und Gehälter/Personalaufwand*

1. Arbeitsmarkt

2. Einschränkungen für Arbeitsbewilligungen ausländischen Personals

3. Aufgliederung gegenwärtiger Gehaltsstrukturen für einzelne Stellenkategorien

4. Zusätzliche Sozialleistungen (gesetzliche und freiwillige) von Seiten des Arbeitgebers

5. Ortsübliche Leistungsmaßstäbe

6. Einkommen-/Lohnsteuer-/Arbeitgeberanteile

7. Abkommen für Arbeitskräfteaustausch mit dem Ausland

8. Hotelfachschulen, Berufsfachschulen

9. Bedienungsgeld/Tronc-Verteilung, Aufschlüsselung des Tronc-Personals mit den jeweiligen Anteilen

E. *Versorgungsbetriebe*

a) Gas: industrielle Tarife (falls nicht anwendbar, dann kommerzielle Tarife)

b) Strom: industrielle Tarife (falls nicht anwendbar, dann kommerzielle Tarife)

c) Wasser: industrielle Tarife (falls nicht anwendbar, dann kommerzielle Tarife)

d) Dampf: für Heizung und Wäscherei und die dafür anwendbaren Tarife

e) Temperatur, Luftfeuchtigkeit: monatliche Angaben

F. *Wirtschaftliche und gesetzliche Bestimmungen*

1. Vertragsbedingungen ausländischer Betriebe

2. Erforderliche Konzessionen

3. Alkoholausschank-Bestimmungen

4. Einschränkung ausländischer Währungen
5. Grundstückssteuern
6. Verkauf- und Umsatzsteuern
7. Derzeitige anwendbare Zinsgebühren für kurz- und langfristige Kredite (Bank, Bauunternehmen, Versicherungsgesellschaften etc.)
8. Derzeitige Baukosten pro Quadratmeter für Hotels/Restaurants

Literatur

Bayerischer Hotel- und Gaststättenverband (DEHOGA Bayern e.V.): Die Qualitätssiegel. URL: http://www.gastgeber-bayern.de/qualitaetssiegel/ (Zugriff: 10.03.2014).

Becker, A. (2011): Klügere Wirte. In: Süddeutsche Zeitung, 26.04.2011.

Belbin, M. (2014): Team Roles. URL: http://www.belbin.com/rte.asp?id=3 (Zugriff: 10.03.2014).

Beuth Verlag GmbH (2014): Neues zur QM-Norm DIN EN ISO 9001. URL: http://www.beuth.de/de/norm-entwurf/iso-cd-9001/191861770 (Zugriff: 12.02.2014).

Bundesamt für Sicherheit in der Informationstechnik (BSI) (Hrsg.) (2008): BSI Standard 100-1. Managementsysteme für Informationssicherheit (ISMS). Bonn, S. 16.

cth (2004): Teamrollen. consulting team höltgen GmbH. URL: http://hoeltgen-team.de/teamrollen.html (Zugriff: 10.03.2014).

DEHOGA Bundesverband e.V. (2014a): Qualitätsmanagementsysteme. URL: http://www.dehoga-bundesverband.de/branchenthemen/dehoga-standpunkte/ qualitaetsmanagement (Zugriff: 10.03.2014).

DEHOGA Bundesverband e.V. (2014b): Service-Qualität. URL: http://www. dehoga-bayern.de/sterne-mehr/servicequalitaet-deutschland.html (Zugriff: 13.04.2014).

Deutsche Akkreditierungsstelle GmbH (DAkkS) (2014a): Was ist Akkreditierung? URL: http://www.dakks.de/content/was-ist-akkreditierung (Zugriff: 17.02.2014).

Deutsche Akkreditierungsstelle GmbH (DAkkS) (2014b): Welche Bedeutung hat das Akkreditierungssymbol? URL: http://www.dakks.de/content/ welche-bedeutung-hat-das-akkreditierungssymbol (Zugriff: 17.02.2014).

Deutsche Akkreditierungsstelle GmbH (DAkkS) (2014c): DAkkS bereitet Akkreditierungen für DIN EN 15224:2012 vor. URL: http://www.dakks.de/ content/dakks-bereitet-akkreditierungen-f%C3%BCr-din-en-152242012-vor (Zugriff: 17.03.2014).

Deutsche Gesellschaft für Qualität e.V. (DGQ) (2014): Neufassung der ISO 9001. URL: http://www.dgq.de/wui/wui-aktuelles_12069.htm (Zugriff: 12.02.2014).

Deutsche Gesellschaft zur Zertifizierung von Managementsystemen (DQS): DQS Stichwortverzeichnis. URL: https://de.dqs-ul.com/fileadmin/files/ gmbh/documents/Glossary/glossar_ de.htm (Zugriff: 16.12.2013).

Deutscher Tourismusverband e.V. (2009): Servicequalität Deutschland ist europaweit in. Pressemitteilung, 18.06.2009.

DIN Deutsches Institut für Normung e.V. (2008a): DIN 55350-11:2008-05, Begriffe zum Qualitätsmanagement. Beuth, Berlin.

DIN Deutsches Institut für Normung e. V. (2008b): DIN EN ISO 9001: Qualitätsmanagementsysteme – Anforderungen (ISO 9001:2008). Dreisprachige Fassung. Beuth, Berlin.

DIN Deutsches Institut für Normung e. V. (2009): DIN EN ISO 9004: Leiten und Lenken für den nachhaltigen Erfolg einer Organisation – Ein Qualitätsmanagementansatz (ISO 9004:2009). Dreisprachige Fassung. Beuth, Berlin.

Duden (2013): Stichwort Norm. Bibliographisches Institut GmbH, Berlin. URL: http://www.duden.de/rechtschreibung/Norm (Zugriff: 03.04.2014).

EFQM European Foundation for Quality Management (2012): EFQM Excellence Model 2013. German/English. Brüssel.

Fraunhofer Institut für Produktionstechnologie (IPT) (2012): Methoden zur Steigerung der Prozessqualität. Aachen.

Gastromanagementpass (2014a): Fünf Module, ein Ziel. URL: http://www. gmp-bayern.de (Zugriff: 13.03.2014).

Gastromanagementpass (2014b): Qualifizierungsmöglichkeiten. URL: http:// www.gmp-bayern.de/qualifizierung.html (Zugriff: 13.03.2014).

Grasser, L. (2011): Bauer und Wirt Hand in Hand. In: Augsburger Allgemeine, 25.10.2011.

Handel, S. (2011): Speisen nach Farben. In: Süddeutsche Zeitung, 21./22.05.2011, S. 4.

Harry, M. / Schroeder, R. (2005): Six Sigma-Prozesse optimieren, Null-Fehler-Qualität schaffen, Rendite radikal steigern. Campus, Frankfurt/New York.

Hendricks, K. B. / Singhal, V. R. (2001): The Long-Run Stock Price Performance of Firm with Effective TQM Programs. In: Management Science. Vol. 47, S. 359–368.

Hermann, J. / Gembrys, S. (2008): Qualitätsmanagement. 2. aktualisierte Auflage. Haufe-Lexware Verlag. Freiburg.

HOTREC (2014): European Hospitality Quality Logos. URL: http://www.hotrec.eu/policy-issues/quality.aspx, (Zugriff: 10.03.2014).

International Organization for Standardization (ISO 2014a): Friendship among Equals, Recollections from ISO's first fifty years. The ISO story. URL: http://www.iso.org/iso/home/about/ the_iso_story.htm#2 (Zugriff: 16.12.2013).

International Organization for Standardization (ISO 2014b): Standards Development. URL: http://www.iso.org/iso/home/standards_development.htm (Zugriff: 16.12.2013).

International Organization for Standardization (ISO 2014c): ISO Members. URL: http://www.iso.org/iso/about/iso_members.htm (Zugriff: 23.03.2014).

Jochem, R. (2010): Was kostet Qualität? Wirtschaftlichkeit von Qualität ermitteln. Carl Hanser Verlag, München.

Juran, J. M. (1974): Quality Control Handbook. McGraw-Hill, New York.

Juran, J. M. (2003): Juran on Leadership for Quality. Simon and Schuster, London.

Kamiske, G. F. / Brauer, J. P. (2008): Qualitätsmanagement von A-Z. Erläuterungen moderner Begriffe des Qualitätsmanagements. 6. Auflage. Carl Hanser Verlag, München.

Knapp, G. (2011): Sauberkeit ist nicht alles. In: Süddeutsche Zeitung, 21./22.05.2011.

Kostka, C. / Kostka, S. (2008): Der kontinuierliche Verbesserungsprozess. Methoden des KVP. 4. Auflage. Carl Hanser Verlag , München.

Malorny, C. / Dicenta, M. (2007): Funktion und Nutzen von Qualitätsauszeichnungen (Awards. In: Schmitt, R. / Pfeifer, T. (Hrsg.): Masing Handbuch Qualitätsmanagement. Carl Hanser Verlag, München, S. 351–368.

Meyer, H. (2011): Management in der Gastronomie. 1. Auflage. Oldenburg Wissenschaftsverlag GmbH, München.

Micros-Fidelio (2014): Hotelmanagement. URL: http://www.micros-fidelio. de/de-DE/Loesungen/Hotels-und-Resorts/Individualhotels-und Hotelkooperationen/Hotelmanagment. aspx (Zugriff: 13.03.2014).

Ohno, T. (1988): Toyota Production System: Beyond Large-Scale Production. Productivity Press, New York.

Olfert, K. / Steinbuch, P. A. (2001): Personalwirtschaft. 9. Auflage. Ludwigshafen.

Ottmann, R. (2003): Qualitätsmanagement. In: GPM Deutsche Gesellschaft für Projektmanagement e.V. (Hrsg.): Projektmanagement Fachmann. 7. überarbeitete und aktualisierte Auflage. RKW-Verlag, Eschborn.

Paeger, J. (2011): Eine kleine Geschichte des Qualitätsmanagements. URL: http://www.paeger-consulting.de/html/geschichte_qm.html (Zugriff: 16.12.2013).

Perrin, M. / Burkhardt, A.: Interne Audits – Beobachtungen in der Praxis. Schweizerische Vereinigung für Qualitäts- und Managementsysteme (SQS). URL: http://www.saq.ch/fileadmin/user_upload/veranstaltungen/ downloads/interne_audits.pdf (Zugriff: 13.03.2014).

Petrick, K. / Graichen, F. (2012): Erfolgsweg einer Systemnorm – 25 Jahre ISO 9001. In: QZ 03/2012. Carl Hanser Verlag, München, S. 26-28. URL: https://de.dqs-ul.com/fileadmin /files/de2013/Files/Standards/ISO_9001/ DQS_Erfolgsweg_einer_Systemnorm_ISO_9001_QZ03-2012.pdf (Zugriff: 05.12.2013).

Runia, P. / Wahl, F. / Geyer, O. / Thewißen, C. (2011): Marketing. Eine prozess- und praxisorientierte Einführung. 3. Auflage. Oldenbourg Wissenschaftsverlag GmbH, München.

Schindlerhof (2014): Grundsätze. URL: http://www.schindlerhof.de/schindler hof.grundsaetze,8_14.html (Zugriff: 13.03.2014).

Schmelzer, H. J. / Sesselmann, W. (2010): Geschäftsmanagement in der Praxis – Kunden zufrieden stellen, Produktivität steigern, Wert erhöhen. Carl Hanser Verlag, München.

Schmutte, A. M. (2014a): Business Excellence-Modelle: Die gezielte Entwicklung von ‚Spitzenleistungen'. In: Niermann, P. F.-J. / Schmutte, A. M. (Hrsg.): Exzellente Managemententscheidungen. Springer Gabler, Wiesbaden, S. 83–101.

Schmutte, A. M. (2014b): Geschäftsprozessmanagement: Den Kundennutzen erhöhen und Kosten senken. In: Niermann, P. F.-J. / Schmutte, A. M.

(Hrsg.): Exzellente Managemententscheidungen. Springer Gabler, Wiesbaden, S. 211–241.

Servicequalität Deutschland in Bayern (02/2011): Ausgezeichnet für die Zukunft.

Servicequalität Deutschland (2014): Q-Initiative. URL: http://www.q-deutsch land.de/ initiative.html (Zugriff: 13.03.2014).

TÜV SÜD (2014a): DIN SPEC 77224 – Service Excellence. URL: http://www. tuev-sued.de/management-systeme/serviceexzellenz/din-spec-77224 (Zugriff: 13.03.2014).

TÜV SÜD (2014b): ISO 9001 – Qualität mit System. URL: http://www.tuev-sued.de/management-systeme/iso-9001 (Zugriff: 13.03.2014).

TÜV SÜD (2014c): Managementsysteme-ISO 9001. URL: http://www.tuev-sued.de/management-systeme/iso-9001 (Zugriff: 13.03.2014).

Glossar

Da das vorliegende Buch für die Praxis geschrieben wurde und für den Leser verständlich sein soll, haben die Autoren bewusst – so weit möglich – auf Fachbegriffe und Fremdwörter aus dem Bereich des Qualitätsmanagements oder der Betriebswirtschaft verzichtet. Nun kann es aber sein, dass Sie doch einigen dieser Begriffe begegnen werden, wenn Sie zum Beispiel die Normen näher betrachten oder Ihr Qualitätsmanagementsystem weiter vertiefen wollen. Deshalb haben wir Ihnen die wichtigsten Begriffe im Folgenden als Glossar mit freundlicher Genehmigung aus Unterlagen der Quality Services & Wissen GmbH zusammengestellt. Ebenso sind auch Begriffe, die im vorliegenden Buch verwendet und erläutert wurden, nochmals mit einer Definition zum Nachschlagen enthalten.

Abweichung

Englisch: non conformance. Die ISO-Normen fordern, dass die Ergebnisse von Audits aufgezeichnet und den Verantwortlichen des auditierten Bereichs zur Kenntnis gebracht werden. Außerdem wird verlangt, dass Korrekturmaßnahmen von den Verantwortlichen des Bereichs in vernünftiger Zeit vorgenommen werden. Schlussendlich wird auch Bezug auf das Management-Review genommen.

Hauptabweichung

Es wurden ganze Abschnitte der Norm oder der eigenen QM-Dokumentation, die Grundlage des Audits sind, nicht bearbeitet oder bei einer Tätigkeit im Unternehmen werden Anforderungen der Norm/der QM-Dokumentation systematisch nicht genutzt.

Nebenabweichung

Eine einzelne Abweichung von den Anforderungen. Es gibt jedoch Fälle, bei denen eine ganze Anzahl von Nebenabweichungen gegen eine spezielle Anforderung als Hauptabweichung eingestuft werden kann. Man könnte zugrunde legen, dass mehr als drei Nebenabweichungen gegen eine Forderung eines Abschnitts der Norm eine Hauptabweichung begründet.

Audit – Re-Audit

Überprüfung des Qualitätsmanagements – Wiederholung des Audits.

Balanced Scorecard

Gemeint ist ein ausgewogener – balanced – Satz von Zielkennzahlen, abgestimmt auf einer Vision und Strategie. Vier Perspektiven werden auf Empfehlung aus der Literatur abgesteckt:

1. die Finanzen,
2. die Kundenbeziehungen,
3. die internen Prozesse,
4. die Innovations- u. Lernfähigkeit.

Nicht nur finanzielle „harte" Zielkennzahlen sollen angesteuert werden, sondern auch weiche Größen wie Kundenzufriedenheit, Kundentreue/Stammkundentreue, Mitarbeiterzufriedenheit (im ausgewogenen Verhältnis). Es geht darum, die Zielgrößen des Unternehmens in passende Einzelziele für die einzelnen Bereiche, Abteilungen und Teams herunterzubrechen (wie z.B. bei Management by Objectives/Führung durch Ziele). Jeder Bereich soll bzw. muss seine eigene Scorecard haben. Ein Anwendungsbereich für eine Scorecard ist beispielsweise ein Profitcenter mit Absatz und Umsatz als Zielgrößen sowie Deckungsbeträgen.

Beantragung und Erteilung des Zertifikates

Nach positivem Abschluss des Audits und der Korrekturen kann der Zertifizierer auf Antrag das Zertifikat aushändigen. Es ist aufgrund des gründlichen Prüfverfahrens mit ca. 4 bis 6 Wochen Wartezeit zu rechnen. Dieses Prüfverfahren stellt auch sicher, dass die Subjektivität von Auditoren-Entscheidungen erkannt und unter Umständen korrigiert wird.

Beauftragter der obersten Leitung

Englisch: management representative. Eine durch die Oberste Leitung festgelegte Person (Stabsstelle), die verantwortlich für ein bestimmtes Ziel (Qualitätsmanagement, Umweltschutz, Arbeitssicherheit, Controlling) ist.

Beigestellte Produkte

Nach DIN EN ISO 9001 muss der Lieferant für vom Kunden beigestellte Produkte, die für die Einfügung in die Lieferungen oder für zugehörige Tätigkeiten vorgesehen sind, Verfahrensanweisungen für die Lenkung von Verifizierung, Lagerung und Erhaltung erstellen und aufrechterhalten. Geht ein solches Produkt verloren, wird es beschädigt oder in anderer Weise unbrauchbar, muss dies aufgezeichnet und dem Kunden berichtet werden. Wichtig ist, dass die Verifizierung durch den Lieferanten den Kunden nicht von der Verantwortung zur Bereitstellung annehmbarer Produkte befreit. Beigestellte Produkte werden in der DIN EN ISO 9001 auch als Eigentum des Kunden bezeichnet.

Cash Flow

Cash Flow ist ein Umsatzüberschuss über die liquiditätswirksamen Aufwendungen aus der betrieblichen Tätigkeit eines Unternehmens und damit sowohl ein Indikator für die Ertragslage eines Betriebs als auch für seine Innenfinanzierungskraft. Je nach Analyse- und Auswertungszweck werden verschiedene Cash Flow-Begriffe unterschieden. Zuerst ist festzulegen, ob die Betrachtungen mit oder ohne Berücksichtigung außerordentlicher und neutraler Geschäftsfälle vorgenommen werden sollen; hier wird nur die ordentliche Rechnung beachtet. Sodann ist zu entscheiden, von welchem Fonds man ausgehen will, da diese Entscheidung darüber bestimmt, welche Bewegungen als liquiditätswirksam zu betrachten sind. Unter einem Fonds ist der Saldo von einem oder mehreren Bilanzkonten zu verstehen, mit welchem die Liquiditätsveränderung gemessen werden soll.

Darlegungsforderung

Englisch: demonstration requirement. Forderung einer Darlegung der Realisierung von QM-Elementen gegenüber dem Kunden bzw. Auftraggeber bei vertraglicher Vereinbarung, oder gegenüber einer zuständigen Stelle bei gesetzlicher Auflage.

Deckungsbeitrag

Der Deckungsbeitrag bezeichnet einen Überschuss einer Erlösgröße über diejenigen Kosten, die dieser eindeutig und ohne Schlüsselung von Strukturkosten gegenübergestellt werden können.

Deming-Kette

Mit dem Bild einer Kette stellt Deming die Verzahnung und Folgen der Maßnahmen und ihrer Auswirkungen dar. Dabei steht die Qualitätsverbesserung am Anfang der Kette, was direkt mit Produktivitätsverbesserung und somit Kostenreduzierung einhergeht. Daraus leiten sich Preisreduzierung und Steigerung des Marktanteils ab, was zur Sicherung der Unternehmensposition führt. Diese wiederum bewirkt die Sicherung der Arbeitsplätze und erlaubt in überschaubarer Zeit den Return on Investment.

Deming-PDCA-Zyklus

Zur Prozessbeherrschung sind Prozessverstehen und Prozessentwicklung Voraussetzung. Um den Wissenserwerb zu systematisieren, kann man eine Reihe von Methoden benutzen, u. a. den Deming-PDCA-Zyklus (Plan, Do, Check, Act). Die deutsche Version des PDCA-Zyklus lautet PTCA-Kreis (Planen, Tun, Checken, Aktion).

Design

Nach DIN EN ISO 8402 Einleitung umfasst der Bedeutungsumfang des Begriffs Design Entwicklung, Berechnung und Konstruktion ebenso wie die daraus resultierenden Elemente Entwurf, Gestaltung oder Konzept.

Effizient

Englisch: efficiency. Effizienz beschreibt das Verhältnis zwischen dem erreichten Ergebnis und den eingesetzten Ressourcen. Effizienz bewertet daher die Angemessenheit der verfolgten Maßnahmen im Sinne einer Kosten/Nutzen-Relation („Mache ich die Dinge richtig?"). Effiziente Maßnahmen müssen nicht notwendigerweise auch effektiv sein. Daher sollte man sich auch den Begriff „Effektivität" verinnerlichen. Beide gehören meist zusammen.

Eigenschaften eines Auditors

Unter den aufgezählten Eigenschaften sind die persönlichen Eigenschaften sicher von besonderer Bedeutung. Die Anforderungen werden in der DIN ISO 10011 sehr gut und umfassend beschrieben. Dort heißt es unter anderem, dass Bewerber um die Position eines Qualitätsauditors aufgeschlossen sein sollten, über die nötige Reife, ein gesundes Urteilsvermögen, analytische Fähigkeiten und Beharrlichkeit verfügen müssen, sowie die Fähigkeit haben sollten, Situationen realistisch zu erfassen, komplexe Vorgänge umfassend zu erkennen und auch die Rolle der einzelnen Einheiten innerhalb der Gesamtorganisation zu verstehen. Weiter heißt es: Der Auditor sollte in der Lage sein, diese Eigenschaften einzusetzen, um Nachweise auf der Basis von Tatsachen zu führen und gerecht zu bewerten; dem Zweck des Qualitätsaudits treu zu bleiben, ohne Bedenken und ohne jede Begünstigung; die Auswirkungen von Auditbeobachtungen und persönlichen Interaktionen während des Qualitätsaudits ständig zu bewerten; das betreffende Personal in der zur Erreichung des Auditzwecks geeigneten Weise zu behandeln; mit Einfühlungsvermögen auf die nationalen Gepflogenheiten des Landes zu reagieren, in dem das Qualitätsaudit durchgeführt wird; den Auditprozess ohne Abweichung infolge von Ablenkungen durchzuführen; dem Auditprozess uneingeschränkte Aufmerksamkeit zu widmen und volle Unterstützung zu gewähren; in Stress-Situationen effektiv zu reagieren; auf der Basis von Auditfeststellungen allgemein akzeptable Schlussfolgerungen zu ziehen; einer Schlussfolgerung unter Druck treu zu bleiben, wenn nichts Gegenteiliges vorliegt. So sind bei internen Audits die Auditoren den jeweiligen Mitarbeitern in der Regel bekannt, und ein Audit ist (zumindest durch den Auditplan) angekündigt. Diese Maßstäbe sind für Fremdauditoren in einem Unternehmen, z. B. bei Zertifizierungsaudits oder Lieferantenaudits, jedoch sehr sinnvoll. Trotzdem ist ein kurzes Gespräch mit den betroffenen Mitarbeitern über Umfang und Ziele sehr sinnvoll, da man dadurch die immer wieder unausgesprochene unterstellte Prüfungssituation abbauen kann. Auch sollte man Ziele, Stichprobenart und das beabsichtigte Vorgehen noch einmal kurz erläutern. Insgesamt soll ein Einführungsgespräch Vorurteile abbauen und die Kooperationsbereitschaft erhöhen.

Feedback

Feedback bedeutet Rückkopplung und umfasst die Rückmeldung realisierter Ist-Werte zum Vergleich mit Planwerten (klassischer Soll/Ist-Vergleich). Die Rückkopplung schafft die Möglichkeit einer Abweichungsanalyse, aufgrund derer Regelungsmechanismen in Gang gesetzt werden (Maßnahmeneinleitung). Vom Empfänger gewünschte freiwillige Rückmeldung als eine Form von Evaluation, Rückkopplung und Regelkreis.

Fähigkeit

Englisch: ability, capacity, capability, competence, talent, skill, qualification, faculty, suitability. Eignung einer Organisation, eines Systems oder eines Prozesses zum Realisieren eines Produkts, das die Anforderungen an dieses Produkt erfüllt.

Fehlerkosten

Fehlerkosten gehören zu der Gruppe der qualitätsbezogenen Kosten. Mit den qualitätsbezogenen Kosten werden Kosten erfasst, die durch die Nichterfüllung von Einzelforderungen im Rahmen von Qualitätsforderungen verursacht werden. Beispiele für Fehlerkosten (im Sinne der Dazugehörigkeit zu den qualitätsbezogenen Kosten): Kosten für Fehlprodukte, für Nacharbeit, für Ausschuss, nicht planmäßige Sortierprüfung, Wiederholungsprüfung, qualitätsbedingte Ausfallzeit, Gewährleistung, Produzentenhaftung.

Gefährdung

Ereignis oder Umstand, der ein Produkt derart negativ beeinflusst, dass dadurch unmittelbar die Gesundheit des Verbrauchers gefährdet wird. Sie kann biologischer, physikalischer oder chemischer Art sein.

Gefährdungsabschätzung

Gesamtheit der Untersuchungen, Auswertungen und Beurteilungen, die notwendig sind, um die Gefahrenlage bei einer altlastverdächtigen Fläche zu klären.

Gefährdungsanalyse

Risikoanalyse.

Gefährdungsbeurteilung

Rechtsgrundlage für die Gefährdungsbeurteilung ist das Arbeitsschutzgesetz (Gesetz über die Durchführung von Maßnahmen des Arbeitsschutzes zur Verbesserung der Sicherheit und des Gesundheitsschutzes der Beschäftigten bei der Arbeit. Der Arbeitgeber wird darin verpflichtet, eine Beurteilung der für die Beschäftigten mit ihrer Arbeit verbundenen Gefährdung zu ermitteln und – wenn erforderlich – Maßnahmen des Arbeitsschutzes einzuleiten. Das Ergebnis der Gefährdungsbeurteilung, die vom Arbeitgeber festgelegten Maßnahmen des Arbeitsschutzes und das Ergebnis ihrer Überprüfung müssen dokumentiert sein für Unternehmen mit mehr als 10 Beschäftigten.

Genauigkeit

Englisch: accuracy. Genauigkeit ist eine qualitative Bezeichnung für das Ausmaß der Annäherung von Ermittlungsergebnissen an den Bezugswert, wobei dieser je nach Festlegung oder Vereinbarung der wahre Wert, der richtige Wert oder der Erwartungswert sein kann.

Genehmigung von Dokumenten

In der DIN EN ISO 9001 werden die Genehmigung und Herausgabe sowohl von Dokumenten als auch von Daten in einem Abschnitt zusammengefasst: Die Dokumente und Daten müssen vor ihrer Herausgabe durch befugtes Personal bezüglich ihrer Angemessenheit geprüft und genehmigt werden. Eine Änderungs-Sammelliste oder ein entsprechendes Dokumenten-Überwachungsverfahren, das den laufenden Revisionsstatus von Dokumenten identifiziert, muss eingerichtet werden und leicht verfügbar sein, um den Gebrauch ungültiger und/oder überholter Dokumente auszuschließen. Diese Lenkung muss sicherstellen, dass

a) die zutreffenden Ausgaben der einschlägigen Dokumente an allen jenen Stellen verfügbar sind, wo Tätigkeiten ausgeführt werden, die für das effektive Funktionieren des QM-Systems wesentlich sind;

b) ungültige und/oder überholte Dokumente sofort an allen Stellen entfernt werden, an denen sie herausgegeben und benutzt werden, oder in anderer Weise Sicherheit gegen ihren unbeabsichtigten Gebrauch geschaffen wird;

c) jegliche überholte Dokumente, die aus gesetzlichen Gründen und/oder zur Erhaltung des Wissensstandes aufbewahrt werden, angemessen gekennzeichnet sind.

Geschäftsprozess

Teilaufgabe in einer Organisation.

Handbuch

Englisch: quality management manual. Zusammenstellung von Dokumenten des gleichen Themas. Typische Handbücher sind das QM-Handbuch für das Qualitätswesen und das UM-Handbuch für das Umweltmanagement.

Handbuchprüfbericht

Dieser Bericht des Audit-Leiters wird als Ergebnis der Handbuchprüfung meist in Zusammenarbeit mit dem Co-Auditor erstellt. Er weist eventuelle systematische Mängel aus, die sich als Abweichung zur Norm darstellen. Bei geringeren Abweichungen werden vom Auditor in der Regel Empfehlungen abgegeben, die meist sehr sinnvoll, aber nicht zwingend zu übernehmen sind. Die schwerwiegenden Abweichungen müssen unbedingt beseitigt werden, da sie zum Scheitern der Zertifizierung führen können. Über alle anderen Punkte sollte man mit dem Auditor durchaus diskutieren, da es unvermeidlich auch eine Subjektivität der Auditoren gibt. Die Entscheidungen müssen sich im Zweifel an der Norm orientieren, wobei in kritischen Fällen Schiedsstellen der Zertifizierer befragt werden können.

Handbuchprüfung

Nach Vorlage des Handbuchs bei der Zertifizierungsstelle prüft der Audit-Leiter nach den Texten des Handbuchs das Qualitätsmanagementsystem. Beide Auditoren erhalten ein Handbuch, wobei zu diesem Zeitpunkt die Verfahrensanweisungen ziemlich komplett sein sollten. Eventuell kann man für den Rest der Anweisungen einen verbindlichen Termin des Nachreichens ankündigen. Grundsätzlich müssen die Handbücher nicht nach der DIN-EN-ISO-9000-Reihe gegliedert sein. Bedingung ist lediglich, dass die Handbücher und Verfahrensanweisungen zusammen alle Elemente ausreichend abarbeiten. Es ist sogar meist sehr sinnvoll, eine andere Gliederung zu wählen, um eine einheitliche Managementstruktur für alle Themen und Normen- bzw. Gesetzesbereiche zu haben. Es ist ebenfalls nicht erforderlich, dass es zu jedem Element der Norm eine Verfahrensanweisung gibt, einige erfordern dagegen u. U. mehrere. Es hängt von der Ausführlichkeit des Handbuchkapitels ab, ob ein Element detaillierter beschrieben werden muss. Da das Handbuch Kunden zur Information (= Werbung für das Unternehmen) häufig überlassen wird, werden vertrauliche Details nur in Verfahrensanweisungen niedergelegt. Diese werden den Kunden in der Regel nicht gezeigt, müssen aber dem Auditor zur Zertifizierung zugänglich sein. Ein Faktor für den Umfang der Verfahrensanweisungen ergibt sich daher vielfach aus dem Bedarf der Geheimhaltung, den man für seine Produkte und Prozesse gewährleisten will.

Herstellkosten

Die Herstellkosten sagen aus, was ein Produkt oder eine Dienstleistung kostet, wenn die Kosten aller Funktionen berücksichtigt werden, die an der Erstellung des Fertigprodukts beteiligt sind. Das sind:

1. die Einzelmaterialkosten und die proportionalen Fertigungskosten, die zusammen die Produktkosten ergeben,
2. die Materialgemeinkosten, die Strukturkosten der Funktionen Einkauf und Lagerung,

3. die Fertigungsstrukturkosten, die Strukturkosten der Fertigungssteuerung, der Arbeitsvorbereitung, der Konstruktion und Entwicklung (soweit nicht durch den Auftrag verursacht) und die Kosten der Betriebsleitung.

Innerbetriebliche Leistungen

Innerbetriebliche Leistungen erbringt eine Kostenstelle für eine andere. Kann der Leistungsaustausch gemessen werden und ist die Menge der bezogenen Leistung von der Ist-Leistung der beziehenden Stelle abhängig, werden die innerbetrieblichen Leistungen gemäß Arbeitsrapporten verrechnet. Kann der Leistungsaustausch nicht eindeutig gemessen werden, legt man die Kosten nach einem vorgängig festgelegten Schlüssel um (Kostenumlage) oder vereinbart einen Versorgungsvertrag (Deckungsziel). Innerbetriebliche Leistungsverrechnung wird immer mit den Plankostensätzen durchgeführt, die sich aus der Jahresplanung ergeben. Dadurch weiß die empfangende Stelle, mit welchen Belastungen sie im Laufe des Jahres zu rechnen hat. Abweichungen in der leistenden Stelle werden nicht weiterverrechnet, da sie nur in den Verantwortungsbereich der leistenden Stelle gehören.

Innovation

Neuerung, Fortschritt, Realisierung einer neuartigen Lösung.

Instandhaltung

Englisch: servicing, active maintenance, maintenance. Maßnahmen der Wartung, Inspektion und Instandsetzung.

KAIZEN

Wandel zum Guten, japanisch: ständige Verbesserung. In Verbindung mit dem Qualitätsgedanken, wird Kaizen als ständiges Streben nach Verbesserung verstanden, das sich auf das gesamte Unternehmen und die Lebensbereiche der Mitarbeiter bezieht. Kaizen würde übersetzt die Chance zum Guten bedeuten. Es bezeichnet für sich allein nur die Verbesserung, das heißt, dass der gegenwärtige Zustand als solcher akzeptiert und er nach einer Analyse modifiziert fortgeschrieben wird. Das japanische Wort Kaizen, das sich aus den beiden Kanji-Zeichen Kai (ändern) und Zen (Güte) zusammensetzt, bedeutet das Streben nach ständiger, systematischer und schrittweiser Verbesserung. Kaizen ist ein humanorientierter Ansatz, da er die Motivation der Mitarbeiter und ihre Identifikation mit den Arbeitsinhalten fördert, indem sie die Möglichkeit erhalten, Prozesse mit zu gestalten. Die Umsetzung des Kaizen-Gedankens wird in Europa auch als Kontinuierlicher Verbesserungsprozess (KVP) bezeichnet. Wichtigstes Element des KVP ist der Workshop. Darin analysieren die Teilnehmer – in der Regel Mitarbeiter des zu untersuchenden Bereichs – unter Anleitung eines eigens dafür ausgebildeten

Moderators die eingeführten Arbeitsprozesse und erarbeiten Verbesserungsmöglichkeiten zu festgestellten Schwachstellen. Die Realisierung der erarbeiteten Lösungsvorschläge erfolgt in der Regel durch die Teilnehmer selbst unmittelbar im Anschluss an den Workshop.

KCM – Knowledge-Content-Management

Enterprise Content Management oder auch Knowledge-Content Management sind die Technologien zur Ermittlung, Verwaltung, Speicherung, Bewahrung und Bereitstellung von Content und Dokumenten zur Unterstützung von organisatorischen Prozessen. ECM/EKM-Tools und bestimmte Strategien erlauben die Verwaltung aller unstrukturierten Informationen einer Organisation wo immer diese auch existieren. Die Bezeichnung Enterprise-Content-Management ist ein Kunstwort, das Produkte, Lösungen, einen Markt und eine Branche beschreiben und verbinden soll. Sie setzt sich aus drei einzelnen Begriffen zusammen, die in dieser Kombination eine spezielle Bedeutung haben:

Enterprise steht für eine von allen Privilegierten Zugangs- und Bearbeitungsrechten eines Unternehmens. Im Sinne einer nutzbaren Lösung der Firma. Darüber hinaus dehnt sich der Begriff Enterprise in diesem Zusammenhang auf Unternehmen im weitesten Sinne aus, (Private Projekte) etc.

Content steht für beliebige Inhalte in verschiedenen elektronischen Systemen.

Management wird im Sinne eines Softwaresystems genutzt und steht für die Verwaltung und Verarbeitung bzw. Kontrolle von Systemen.

Mehrere Versuche wurden durchgeführt, den Begriff Enterprise-Content-Management in die deutsche Sprache zu übertragen, z.B. Unternehmenscontentverwaltung oder Unternehmensinhaltemanagement. Inzwischen aber, hat sich der Begriff Enterprise-Content-Management und das zugehörige Akronym ECM im deutschen Sprachraum etabliert und ist so neben dem Knowledge-Content Management am weitesten verbreitet und bekannt. Enterprise Knowledge Management verschafft Ihrem Unternehmen einen Wettbewerbsvorteil. Es ermöglicht Ihnen all ihre Geschäftsziele zu erreichen und Ihre Inhalte zu verwalten. Geschäftsprozesse werden somit besser kontrolliert und effizienter gesteuert.

Kennzahlensysteme

Kennzahlensysteme sind (mathematisch oder logisch verknüpfte) Kombinationen mehrerer Kennzahlen (absolute oder relative Zahlen mit besonderem Aussagewert). Kennzahlen sind aus geplanten Werten oder Ist-Daten ableitbar und dienen als Maßstab, um Ursache und Wirkung von Vorgängen in kausalem Zusammenhang darzustellen.

KEP

Kontinuierlicher Entwicklungsprozess. Hierbei wird implizit davon ausgegangen, dass jede Entwicklung nur zum Besseren führen kann. Da dies nicht immer gewährleistet ist, werden die eigentlichen Ziele eines Unternehmens besser durch den Begriff KVP (Kontinuierlicher Verbesserungsprozess) beschrieben.

Kick-off-Meeting

Zusammenkunft von Projektbeteiligten zum Start des gemeinsamen Vorhabens.

Lastenheft

Englisch: product brief. DIN 69905-VDI/VDE 3694 - VDA 6.1: Gesamtheit der Forderungen des Auftraggebers an die Lieferungen und Leistungen eines Auftragnehmers. Im Lastenheft sind die Forderungen aus Anwendersicht einschließlich aller Randbedingungen zu beschreiben. Diese sollten qualifizierbar und prüfbar sein. Im Lastenheft wird definiert, was für eine Aufgabe vorliegt und wofür diese zu lösen ist.

Lead-Auditor

Der Lead-Auditor (auch: Auditleiter) ist der verantwortliche Leiter eines Audits.

Lean-Management

Übersetzt wird dies frei als „Schlanke Verwaltung". Es steht für den Abbau von Hierarchieebenen, die Delegation der Verantwortung in die Leistungsbereiche, eine ablaufoptimierte Organisation und die Arbeit in Gruppen ohne hierarchische Führung.

Leitbild eines Dienstleistungsunternehmens

Viele Organisationen sind mit der Fülle von Einzelfällen und dem Reagieren auf das, was von außen auf sie einströmt, so beschäftigt, dass sie die große Linie aus den Augen verloren haben. Die hat vielleicht der Verwaltungschef, wenn er lange im Amt ist. Auch neue Chefs haben möglicherweise ganz klare Prioritäten. Das Problem ist, dass sie von Politik, Bürgern und Verwaltung nicht geteilt werden können, solange sie nicht kommuniziert sind. Dies führt in der Praxis zu immer wiederkehrenden zeitraubenden Grundsatzdiskussionen. Unter Hinweis auf den Entscheidungsdruck werden sie zwangsläufig nie zu Ende geführt. Organisationen, die daher eine Orientierung an gemeinsamen Werten und Zukunftsvorstellungen anstreben, bedienen sich eines Prozesses zur Leitbilderstellung. Der Hinweis auf das Zusammenwirken derer, die in einem Leitbild eine Orientierung und Selbstverpflichtung sehen, ist grundlegend („Der Weg ist das Ziel" oder „Wer ein Leitbild von anderen abschreibt, hat nichts verstanden, bewirkt zumindest wenig").

Leitbilder sind Instrumente der Kulturveränderung. In der kommunalen Praxis gibt es Leitbilder von unterschiedlicher Reichweite:
– Leitbilder für die gesamte Kommune (Verwaltung, Politik, Öffentlichkeit)
– Leitbilder für die Verwaltung
– Leitbilder für Teilbereiche (z. B. Leitbild Kundenorientierung).
Für Leitbilder gibt es keine zwingenden Vorgaben. Sie sind Ausdruck von Autonomiedenken. Die folgenden Leitfragen sollen zeigen, was typische Gegenstände des Prozesses zur Leitbilderstellung sind.
– Wer sind wir?
– Für welche Ideen/Werte stehen wir?
– Für wen arbeiten wir? An wen wenden wir uns?
– Wie sehen wir unser Verhältnis zur politischen Vertretung, zu Parteien, zu Gesellschaften, Organisationen, zu Dienstleistern mit vergleichbarem Angebot?
– Wen wünschen wir uns als Partner?
– Wie arbeiten wir?
– Wie führen wir und lassen uns führen?
– Wie gehen wir miteinander um?
– Wie sehen wir unsere jetzigen und zukünftigen Mitarbeiter/-innen?
– Wie lernen wir?
– Wie stellen wir uns auf eine ungewisse Zukunft ein?
– Woran messen wir unseren Erfolg?
Die Wirksamkeit von Leitbildern lässt sich nicht generell einschätzen. Sie hängt von der Prozessqualität und der Verantwortlichkeit der Beteiligten ab. Daher sind Leitbilder, die die Auseinandersetzung konkurrierender Parteien entschärfen sollen (Leitbild für die gesamte Kommune) anfällig für Konflikte. Prozesse zur Leitbilderstellung bedürfen in der Regel einer fachkundigen Begleitung durch externe Moderatoren. Es gibt viele Verwaltungen, die auf die Leitbilderstellung verzichten und sich direkt dem NSM (als Reformleitbild) zugewandt haben. Informations- und Diskussionsprozesse zum Neuen Steuerungsmodell sind dann umso wichtiger.

Lenkung beigestellter Produkte
Nach DIN EN ISO 9001 muss der Lieferant für vom Kunden beigestellte Produkte, die für die Einfügung in die Lieferungen oder für zugehörige Tätigkeiten vorgesehen sind, Verfahrensanweisungen erstellen, die der Lenkung von Verifizierung, Lagerung und Erhaltung dienen. Bei Verlust oder Beschädigung eines solchen Produkts muss dies aufgezeichnet und dem Kunden berichtet werden. Allerdings befreit die Verifizierung durch den Lieferanten den Kunden nicht von der Verantwortung zur Bereitstellung annehmbarer Produkte.

Lenkung fehlerhafter Produkte

Englisch: control of nonconforming product. Reaktionen im Fall eines Fehlers bis zum Abschluss, z.B. durch Nacharbeit oder Vernichtung. Die Verantwortung für die Bewertung und die Befugnis zur Behandlung eines fehlerhaften Produkts muss festgelegt sein.

Lenkung von Qualitätsaufzeichnungen

Die Organisation muss Verfahrensanweisungen für Kennzeichnung, Sammlung, Registrierung, Zugänglichkeit, Ablage, Aufbewahrung, Pflege und Beseitigung von Qualitätsaufzeichnungen erstellen und aufrechterhalten.

Management by Objectives

Führungsstil, der sich an der Erfüllung sachzielorientierter Aufträge ausrichtet.

Managementbewertung

Englisch: management review. Wird als QM-Bewertung bezeichnet.

Managementhandbuch

Das Managementhandbuch ist der zentrale Teil der Dokumentation eines Managementsystems, beschreibt dessen allgemeine Grundsätze und zentral organisierten Elemente. Im Idealfall verweist das Managementhandbuch direkt oder indirekt auf alle gültigen Dokumente des Managementsystems.

Managementsystem

Ein Managementsystem zeigt einer Organisation/Unternehmen Ziele und bringt Methoden, die zur Erreichung der Ziele eingesetzt werden.

Manager

Englisch: Manager. Jede Person, die für die Leitung einer operativen Einheit innerhalb einer Organisation zuständig ist.

Nachaudit

Englisch: follow-up audit. Audit, das auf Grund umfangreicher Abweichungen erforderlich ist, da die Korrekturen einen längeren Zeitraum zur Behebung in Anspruch nehmen.

Nachweis

Unter Nachweis ist eine Information zu verstehen, deren Richtigkeit bewiesen werden kann und die auf Tatsachen beruht, welche durch Beobachtung, Messung, Untersuchung oder durch andere Ermittlungsverfahren gewonnen sind. Vielfach verlangen Normentexte so genannte Darlegungen. Diese sind im Falle von Produkten über Nachweise im Sinne der hier definierten Form zu führen.

Netzwerk

Englisch: network. Ein Netzwerk ist ein personenbezogenes Beziehungsgeflecht, welches auf einem gemeinsamen Basisinteresse (wie z.B. dem Austausch von Wissen, um gemeinsam zu lernen oder auch zur unmittelbaren Leistungserstellung) besteht und durch aktuelle Anlässe aktiv und sichtbar wird. Im Unterschied zu formal organisierten Systemen charakterisieren sich Netzwerke dadurch, dass sie keine klaren Grenzen haben. Die Mitgliedschaft, aber auch die Inhalte der Netzwerke können sich verändern und formieren sich gegebenenfalls neu. Sie organisieren sich selbst.

Oberste Leitung

Englisch: top management, board of directors, top management. Person oder Personengruppe, die eine Organisation auf der obersten Ebene leitet und lenkt.

Öko-Audit

Gefordert werden von den Teilnehmern insbesondere die Durchführung einer Umweltbetriebsprüfung und die Einführung eines Umweltmanagement-Systems. Die Teilnehmer setzen sich darüber hinaus konkrete Ziele zur kontinuierlichen Verbesserung ihrer Umweltleistungen. Diese sowie die Ergebnisse der Umweltbetriebsprüfung werden im Rahmen einer Umwelterklärung dargestellt, die staatlich zugelassene Umweltgutachter auf ihre Richtigkeit überprüfen. Audit-Teilnehmer haben sich einem solchen Überprüfungsverfahren mindestens alle drei Jahre zu unterziehen.

Organisation

Englisch: organization. Diesen Begriff kann auf jede organisatorisch geregelte Unternehmung angewendet werden. Eine solche Begriffsbestimmung entspricht weitgehend dem umgangssprachlichen Verständnis.

Organisationsmanagement

Zweck des Organisationsmanagements ist die Abbildung der Aufbauorganisation einer Unternehmung. Dabei dient die Komponente als Grundlage z.B. zur Unterstützung der Personalentwicklung. Dabei können in dieser Komponente sämtliche Planstellen abgebildet werden. Dies ermöglicht den einzelnen Abteilungen eine Zuordnung der Mitarbeiter zu den jeweiligen Planstellen. Um dies gewährleisten zu können, soll eine Verbindung mit der Personalkostenplanung sichergestellt sein. Das Organisationsmanagement befasst sich mit Zuordnungen und ist gekennzeichnet durch Regeln mit Strukturwirkung. Sie entstand in der Betriebswirtschaftslehre aus dem Dualproblem, bei dem Differenzierung von Aufgaben; Arbeitsteilung, Auseinanderstreben und Zusammenhalt vereinbart werden mussten.

Outsourcing

Englisch: Outsourcing. Im Rahmen von Lean Management versuchen Unternehmen durch Outsourcing (= Ausgliedern = Zukauf von Leistungen), sich auf ihren „schöpferischen Kern" zu reduzieren. Dadurch werden bisher hausinterne Serviceleistungen an Dienstleister fremd vergeben, die durch einen hohen Spezialisierungsgrad sehr effizient sind. Entscheidet man sich zu einer solchen Umorganisation, so sollten in der Regel Einsparungspotenziale von wenigstens 25–30 Prozent der bisherigen Kosten gesichert sein. Da es sich bei den ggf. betroffenen Bereichen vielfach um Gemeinkostenbereiche handelt, ist aufgrund der dort meist undifferenzierten Kostenstruktur der wirtschaftliche Erfolg jedoch oft schwer messbar. Die Fixierung lediglich auf Kosten- und Personalreduktion greift grundsätzlich zu kurz, da die Gesamtveränderung der Organisation meist umfangreicher ist als erwartet. Vielfach wird der Dienstleister zur „verlängerten Werkbank", was auch planerische und im Informationswesen veränderte Strukturen erfordert. Dies erfordert eine enge Verbindung zwischen Lieferant und Kunde und damit auch neuen Aufwand. Wird eine Ausgliederung in so genannte Billiglohnländer geplant, ist unbedingt zu prüfen, ob die erforderlichen Qualitätsstandards dabei gehalten werden können.

PDCA

PDCA stehen für die Schritte Plan (planen), Do (durchführen), Check (überprüfen), Act (handeln, z.B. auswerten, verbessern, standardisieren). Er beginnt mit der Untersuchung der gegenwärtigen Situation, um einen Plan zur Verbesserung zu formulieren. Nach der Fertigstellung wird dieser umgesetzt und überprüft, ob die gewünschte Verbesserung erzielt wurde. Im positiven Fall werden die Maßnahmen Standard. Dieser etablierte Standard kann dann durch einen neuen Plan in Frage gestellt und verbessert werden. Die Japaner sahen hierin einen Ausgangspunkt für die stetige Verbesserung ihrer Arbeit.

PDCA-Zyklus

Der PDCA-Zyklus geht zurück auf den Qualitätsexperten Deming. Demings Meinung nach sollte sich die ständige Verbesserung qualitätsbestimmender Faktoren im Rahmen eines revolvierenden Prozesses vollziehen, dem aus vier Phasen bestehenden PDCA-Zyklus. Jeder der Buchstaben bezeichnet eine Phase:
- P – Plan: In der Planungsphase werden Maßnahmen zur Qualitätsverbesserung entwickelt.
- D – Do: Die geplanten Maßnahmen werden im gesamten Unternehmen umgesetzt.

- C – Check: Die Maßnahmen werden hinsichtlich ihrer Zielwirksamkeit kontrolliert und bewertet.
- A – Act: Auf Grundlage des Check-Ergebnisses werden eventuelle Korrekturmaßnahmen eingeleitet.

Die Korrekturmaßnahmen der letzten Phase bilden wiederum den Ausgangspunkt für ein erneutes Durchlaufen des Zyklus.

Personal

Ein funktionierendes QM-System, das sich an den erforderlichen Qualitätszielen der Unternehmung und an den variantenreichen Normen und Regelwerken orientiert, ist ohne hinreichend qualifiziertes Personal nicht möglich. Diese Regel gilt nicht nur für Großbetriebe, sondern erstreckt sich auch auf die Klein- und Mittelbetriebe. Vor allem gilt das für Unternehmen, die als Zulieferer abhängig vom QM-System des Abnehmers sind. Dabei geht es nicht nur um den einzelnen Mitarbeiter, sondern vor allem um die Schlüsselfiguren, die für das kundenorientierte Arbeiten verantwortlich sind. Dazu gehören auch die Mitarbeiter aus den Bereichen Konstruktion, Vertrieb, Entwicklung etc., und zwar auf allen Funktions- und Entscheidungsebenen. Der Unternehmer hat somit die Pflicht im Sinne eines „qualitätsnahen Arbeitens", seine Mitarbeiter aus- und vor allem weiterzubilden. Dies sollte ein kontinuierlicher Prozess sein.

Personaleinsatzplanung

Die Personaleinsatzplanung ist die Einsatzplanung der Mitarbeiter. Bei der Personaleinsatzplanung werden erforderliche Mitarbeiterqualifikationen, bereits bekannte Abwesenheiten, wie z.B. Jahresurlaub sowie Schicht-Mindestbesetzungen berücksichtigt.

Personalentwicklung

Ziel der Personalentwicklung ist es, Unternehmen die Mitarbeiterinnen und Mitarbeiter zur Verfügung zu stellen, die am besten geeignet sind, die zu erledigenden Aufgaben optimal zu bewältigen. Für funktionierende Personalentwicklungskonzepte gibt es keine Standardlösungen und keine „Bedienungsanleitungen", zu unterschiedlich sind die unternehmerischen Gegebenheiten und Anforderungen.

Personalmanagement

Englisch: Human ressource management. Berufliche Handlungskompetenz beinhaltet nicht nur eine ausreichende Fachkompetenz sondern auch Methoden- und Sozialkompetenz. Personalmanagement beinhaltet die Aufdeckung, Erhaltung und Entwicklung aller drei Komponenten.

Personalplanung

Teilbereiche der Personalplanung sind
- Personalbedarfsplanung (quantitativ und qualitativ) umfasst die Festlegung der Anzahl zukünftig benötigter Arbeitskräfte, derer Fähigkeiten und/oder ihrer Ausbildung.
- Organisations-/Stellenplanung
- Personalbeschaffungsplanung ist die Bestimmung der Möglichkeiten und Maßnahmen zur Gewinnung neuer Mitarbeiter.
- Personalentwicklungsplanung
- Personaleinsatzplanung umfasst die quantitative und qualitative Festlegung und Zuordnung des Einsatzes der Arbeitskräfte für bestimmte Aufgaben nach zeitlichen, örtlichen und aufgabengebundenen Gesichtspunkten
- Personaleinstellungsplanung
- Freisetzungsplanung (outplacement)
- Planung der Personalerhaltung und -pflege
- Personalkostenplanung.

QM

Qualitätsmanagement.

QM-Handbuch

Qualitätsmanagementhandbuch.

QM-Bewertung

Englisch: management review. In festgelegten Zeitabständen muss die oberste Leitung des Lieferanten das QM-System bewerten; die Zeitabstände müssen so gewählt werden, dass die Eignung und Wirksamkeit bei der Erfüllung der Forderungen dieser Internationalen Norm sowie der festgelegten Qualitätspolitik und -ziele sichergestellt werden kann. Aufzeichnungen über solche Bewertungen müssen aufbewahrt werden. Man versteht unter QM-Bewertung die formelle Bewertung des Standes und der Angemessenheit des QM-Systems bezüglich der Qualitätspolitik und der Qualitätsziele durch die oberste Leitung. Die QM-Bewertung kann also eine Bewertung der Qualitätspolitik einschließen. Eine der möglichen Informationsquellen für eine QM-Bewertung sind die gewonnenen Ergebnisse durch Qualitätsaudits. Der Ausdruck „oberste Leitung" bezeichnet die Leitung derjenigen Organisation, deren QM-System bewertet wird. Die festgelegten Zeitabstände bedeuten „mindestens einmal jährlich". Es genügt nicht, regelmäßige, protokollierte Sitzungen zur Qualitätslage abzuhalten, da dies in der Regel produktionsbezogene Besprechungen sind. Durch den Zwang zur Einbeziehung der Ergebnisse der internen Audits wird erreicht, dass alle QM-Elemente in die Bewertung eingehen. Zu den Ergebnissen der QM-Bewertung gehören die Überprüfung der Qualitätspolitik und die Fortschreibung der Qualitätsziele. Die QM-Bewertung ist aufzuzeichnen und aufzubewahren. Diese Aufzeichnung muss das Systems kurz bewerten, ferner eine Aussage zur Qualitätspolitik und zu den Qualitätszielen für den folgenden Zeitraum enthalten. Bei diesen Aufzeichnungen werden in Zertifizierungsaudits oft Mängel vorgefunden, so dass das Element „Verantwortung der Leitung" sehr häufig zu Abweichungsberichten Anlass gibt.

QM-System

Englisch: quality management system. QM-System (QMS, Qualitätsmanagementsystem) ist Gesamtheit aller QM-Elemente, die zueinander in Beziehung stehen, Gesamtheit aller dokumentierten Spielregeln, die zur Erreichung der Unternehmensziele beitragen, Werkzeugkasten mit Prozessbeschreibungen zur Verbesserung organisatorischer und/oder technischer Abläufe. Das QM-System nennt und beschreibt alle bereichs- oder abteilungsübergreifenden Detailregelungen (s. Verfahrensanweisung). Gleichzeitig legt ein QM-System dar, wie Abläufe organisiert und Schnittstellen definiert sind. QM-Systeme haben deshalb den Charakter von

- Spielregeln
- Standards
- Schnittstellenvereinbarungen

Sie beinhalten firmenspezifisches Know-how und stellen Hilfsmittel zur systematischen Fehleranalyse dar. Dadurch erleichtern sie das Aufzeigen von „Verschwendung" (von Zeit, Material, Energie, Informationen).

QM-Verfahrensanweisung

Eine QM-Verfahrensanweisung wird als dokumentiertes Verfahren bezeichnet.

QMB

Qualitätsmanagementbeauftragte(r).

QMH

Qualitätsmanagementhandbuch.

QMS

Das QMS (Qualitätsmanagement-System) muss vollständig im QM-Handbuch dokumentiert werden.

Reklamationsmanagement

Das Reklamationsmanagement verwaltet die Reklamationen des Kunden. In vielen Fällen wird darunter lediglich die Beseitigung des Fehlers (Rückgabe, Umtausch, Reparatur, Gutschrift) verstanden. Ein modernes Reklamationsmanagement ergreift zusätzliche Maßnahmen, um auch etwas gegen die entstandene Unzufriedenheit des Kunden zu tun (Versand einer „kleinen Aufmerksamkeit", Bevorzugung bei der nächsten Bestellung, Warengutschein). Im Rahmen eines zertifizierten Reklamationsmanagement (z.B. nach ISO9001) werden zusätzlich Maßnahmen zur zukünftigen Vermeidung dieses Fehlers (Korrekturmaßnahmen) oder ähnlicher Fehler (Vorbeugemaßnahmen) gefordert.

Reklamationsmanager

Mit effizientem Reklamationsmanagement interne Prozesse verbessern/stabilisieren, Qualitätskosten senken und zugleich die Kundenzufriedenheit erhöhen. Die Kundenzufriedenheit ist die Basis für den geschäftlichen Erfolg eines Unternehmens. Aus diesem Grund ist es wichtig, die Zufriedenheit ihrer Kunden stets aufrecht zu erhalten. Fehler und Anlässe zu Reklamationen können dieses Beziehungsgeflecht beeinträchtigen, lassen sich aber nicht immer vermeiden. Daher ist es wesentlich, wie sie diesen Vorfällen begegnen und dafür sorgen, dass wirksame Korrekturmaßnahmen den Wiederholfall vermeiden. Der Kunde verzeiht Ihnen einen Fehler. Wenn dieser Fehler jedoch wiederholt auftritt, kann das Vertrauensverhältnis gestört und die Geschäftsbeziehung in Frage gestellt werden.

- Maßnahmen werden in Maßnahmenmanager hinterlegt und sind von Reklamationsmanager sichtbar und änderbar
- Variable Konfiguration von Datenausgaben (Listen, Auswertungen)
- Verwaltung reklamationsbezogener Rechte (Lesen, Ändern, Löschen)
- Verwaltung von Zugriffsrechten auf andere Standorte
- Verwaltung von mehreren Sprachen

Schlussgespräch

In DIN ISO 10011 wird das Schlussgespräch mit der auditierten Organisation wie folgt beschrieben: „Am Ende des Qualitätsaudits und vor der Erstellung des Auditberichts sollte das Auditteam eine Besprechung mit der obersten Leitung der auditierten Organisation sowie mit den für die betreffenden Funktionen verantwortlichen Personen abhalten. Der Hauptzweck dieses Gesprächs ist es, der obersten Leitung die Auditfeststellungen so darzulegen, dass sichergestellt ist, dass die Ergebnisse des Qualitätsaudits eindeutig verstanden werden." Der Auditleiter sollte die Feststellungen entsprechend ihrer Bedeutung und die Schlussfolgerungen des Auditteams hinsichtlich der Wirksamkeit des QS-Systems bei der Erfüllung der Qualitätsziele darlegen. Aufzeichnungen über dieses Schlussgespräch sollten aufbewahrt werden. Der Qualitätsauditor kann an die auditierte Organisation auch Empfehlungen für Verbesserungen des QM-Systems weitergeben. Diese Empfehlungen sind für die auditierte Organisation jedoch nicht bindend.

Überwachungsaudit

Nach dem Zertifizierungsaudit wird vom Zertifizierer für einen bestimmten Zeitraum (3 Jahre) regelmäßig (meist 12 Monate, manchmal auch 6 Monate) ein Überwachungsaudit durchgeführt. Dieses ist nicht so umfangreich wie das Zertifizierungsaudit und prüft im Wesentlichen, ob die Aufzeichnungen und regelmäßigen Aktivitäten normentsprechend durchgeführt wurden. Schwerpunkte sind die erkannten Schwachstellen der vergangenen Audits, die Ergebnisse der Korrekturmaßnahmen und die so genannten Führungselemente.

Umwelt

Umwelt ist die gesamte räumliche Umgebung, in der Menschen, Tiere und Pflanzen leben, mit den Grundlagen, die sie zum Leben brauchen, wie Wasser, Boden und Luft. Durch vielfältige Einwirkungen des Menschen wird diese Umwelt ständig belastet und verändert. Ziel des Umweltschutzes ist es, die Umweltbelastungen so gering wie möglich zu halten oder ganz zu vermeiden. Man unterscheidet zwischen ökologischem Umweltschutz (Naturschutz, Landschaftspflege) und technischem Umweltschutz (Reinhaltung von Luft und Wasser, Lärmschutz, Abfallbeseitigung, Strahlenschutz). Zum Schutz der Umwelt wurden viele Gesetze geschaffen; am wichtigsten ist aber, dass sich bei jedem einzelnen ein Umweltbewusstsein entwickelt. Jeder einzelne kann durch sein persönliches Verhalten Umweltverschmutzungen verhindern oder vermeiden.

Umweltmanagement

Das Umweltmanagement berücksichtigt bei der Planung, Durchsetzung und Kontrolle der Unternehmensaktivitäten in allen Bereichen Umweltschutzziele zur Verminderung und Vermeidung der Umweltbelastungen und zur langfristigen Sicherung der Unternehmensziele. Mit der EMAS-Verordnung der EU und der privatwirtschaftlichen ISO 14000 Normenreihe wurde eine umfassende, systematische Konzeption für das betriebliche Umweltmanagement vorgelegt und zugleich normiert. Die Art der Verordnung ist weiters Ausdruck einer geänderten politischen Haltung: weg von Verboten und Grenzwerten, hin zu marktwirtschaftlichen Anreizen. Betriebliche Eigenverantwortung und Selbststeuerung sollen (aufgrund der besseren Ausbildung aller Mitarbeiter) in Zukunft für globale Veränderungen (Verbesserungen) mehr bewirken als unflexible staatliche top-down-Steuerungen.

Validierung

Englisch: validation. Bestätigen aufgrund einer Untersuchung und durch Bereitstellung eines Nachweises, dass die besonderen Forderungen für einen speziellen beabsichtigten Gebrauch erfüllt worden sind. Validierung steht am Ende eines Prozesses oder einer Entwicklung. Sie prüft den Wert (value) eines Produkts (einer

Leistung) aus Sicht des Kunden und seiner speziellen Verwendung. So kann es vorkommen, dass für ein Produkt mehrere Validierungen erforderlich werden.

Verfahrensanweisung

Englisch: documented procedure. QM-Verfahrensanweisungen: Der Lieferant muss

a) Verfahrensanweisungen in Übereinstimmung mit den Forderungen dieser Internationalen Norm und mit der festgelegten Qualitätspolitik des Lieferanten erstellen;

b) das QM-System und seine Verfahrensanweisungen tatsächlich verwirklichen.

Im Zusammenhang mit dieser Internationalen Norm hängen der Umgang und die Einzelheiten der zum QM-System gehörigen Verfahren von der Komplexität der Arbeit, den angewendeten Methoden sowie von den Fertigkeiten und der Schulung ab, die das Personal für das Mitwirken an der Ausführung der Tätigkeit benötigt. Anmerkung: Verfahrensanweisungen können auf Arbeitsanweisungen Bezug nehmen, die festlegen, wie eine Tätigkeit ausgeführt wird.

Verifizierung

Englisch: verification. In Design und Entwicklung umfasst Verifizierung die Untersuchung des Ergebnisses einer betrachteten Tätigkeit mit dem Ziel, Übereinstimmung mit den an diese Tätigkeit gestellten Forderungen festzustellen. Unter betrachteter Tätigkeit wird ein Teilprozess oder ein Prozessabschnitt verstanden. Das Wort Verifizierung leitet sich vom lateinischen veritas (= Wahrheit) ab. Demnach wird der Wahrheitsgehalt überprüft. Im Gegensatz dazu steht die Validierung am Ende eines Prozesses oder einer Entwicklung. Sie prüft den Wert eines Produktes (einer Leistung) aus Sicht des Kunden.

Verträglichkeit

Kompatibilität.

Weiterbildung

Wenn Qualitätsmanagement im Unternehmen zu einer strategischen Aufgabe erklärt wird, werden entsprechende Weiter- und Fortbildungsmaßnahmen (auf allen Funktions- und Entscheidungsebenen) zur betriebsumfassenden Aufgabe. Das Erreichen von bestimmten Zielen innerhalb des Aufbaus eines QM-Systems hat oberste Priorität. Davon seien nun einige genannt:

- Einhaltung von Vorschriften und Normen
- die Bewusstseinserweiterung bei den Mitarbeitern bzgl. der Produkthaftungspflicht
- Gewährleistung der Unternehmensproduktivität

208

- Sicherung der Kundenorientierung
- kontinuierliche Verbesserung der Personalqualität.

Wertanalyse

Die Wertanalyse (Funktionskostenanalyse) verfolgt das Ziel, alle für den Wert bzw. die Funktion eines Produkts oder einer Dienstleistung nicht notwendigen Kosten zu erkennen und zu eliminieren. Es handelt sich also um eine Systematik, die sich mit dem Produkt in seiner Gesamtheit und in seinen einzelnen Bestandteilen auseinandersetzt. Deshalb sollten in ein gutes Wertanalyseteam nicht nur die Fachleute von Einkauf, Produktion und Verkauf einbezogen werden, sondern wenn möglich auch Lieferanten und Kunden. Die Teamleitung wird oft einem Controller übertragen.

Zeitmanagement

Zeitmanagement zählt zu den persönlichen Arbeitstechniken. Fach- und Führungskräfte werden dadurch in die Lage versetzt, 10–15 Mal effektiver zu arbeiten. Zeitmanagement würde richtiger Erfolgsmanagement heißen, denn die Zeit lässt sich nicht managen, wohl aber die eigene Effizienz. Der Erfolg innerhalb einer vorgegebenen Zeit wird durch Systematik (Planungstechniken, Büroorganisation etc.), Disziplin (Zielorientierung, Selbstmotivation etc.) und Kommunikation (Besprechungstechniken, Informationsmanagement) sichergestellt. Als singuläre Lösung für einzelne Mitarbeiter verliert Zeitmanagement sehr rasch an Wirkung. Eine zielorientierte Unternehmenskultur mit gemeinsam getragenen Werten erhöht die Erfolgsbilanz.

Zertifikat

Urkunde/Dokument, die das (positive) Ergebnis einer Zertifizierung bescheinigt.

Zertifizierer

Organisation (Unternehmen, Verein, etc.), die Zertifizierungen durchführt.

Zertifiziert

Eigenschaft eines QM-Systems nach erfolgreicher Zertifizierung. Wird auch gern auf das ganze Unternehmen übertragen („Wir sind zertifiziert").

Zertifizierung

Eine Zertifizierung ist das Verfahren bzw. das mögliche Ergebnis des Verfahrens, bei dem einem Unternehmen bestätigt wird, dass es über ein Qualitätsmanagement-System verfügt, das den DIN-EN-ISO-Normen 9001 entspricht. Tendenziell können Auditoren nur bestätigen, ob ein Unternehmen die Norm (minimal) erfüllt. Daher beginnt die Wirkung der Zertifizierung erst nach der Zertifizierung. Im jährlichen Nach-Audit haben dann die Auditoren die Möglichkeit zu prüfen, wie ernsthaft das System tatsächlich gelebt wird. Dies zeigt sich an fünf Elementen, die eine laufende Entwicklung bewirken. So werden die Führungselemente durch die Erkenntnisse aus Reviews weiterentwickelt. Weitere wichtige Kriterien sind: Pflege der Dokumentation (Organisation) und Verfahren, Korrekturmaßnahmen, interne Audits und Schulung. Die übrigen 15 Elemente sind in der Regel in Wiederholungs- bzw. Erhaltungsaudits unproblematisch, wenn sie anfangs solide installiert wurden. Durch das dabei erlangte Zertifikat bestätigt die Organisation die Einhaltung der Normenvorgaben gegenüber Kunden, der Öffentlichkeit und den Mitarbeitern. Der Nachweis eines Zertifikates nach ISO 9001, ISO 14001 wird immer mehr Bedingung für ein Kunden-Lieferanten-Verhältnis in der internationalen Wirtschaft. Der Lieferant erlangt dadurch einen Vertrauensvorschuss in die Qualitätsfähigkeit (ISO 9001) und die Umweltleistung/Rechtskonformität (ISO 14001) seiner internen Abläufe.

Zertifizierungs-Audit

Audit-Leiter in Zertifizierungs-Audits müssen die unter Auditor genannten Qualifikationen haben und berufen sein. Sie sollen neben den allgemeinen Qualifikationen auch wesentliche Teile der Branche, in der sie arbeiten, kennen. Co-Auditoren werden in der Regel in fachlicher Ergänzung zum Audit-Leiter bestimmt. Das Audit-Verfahren lässt sich in die folgenden Schritte gliedern:

1. Auswahl der Zertifizierungsstelle
2. Anmeldung bei der Zertifizierungsstelle
3. Fragebogen und Projektgespräch
4. Handbuchprüfung
5. Handbuchprüfbericht
6. Vor-Audit (nur bei Bedarf und nach Vereinbarung)
7. Zertifizierungs-Audit
8. Zertifizierung

Zertifizierungsstelle

Englisch: certification body. Die eigentlichen Aufgaben sind vom Umfang wie die eines Referenzzentrums, mit dem Unterschied, dass der interne Aufbau der zertifizierenden Stelle über ein Qualitätsmanagementsystem im Sinne von ISO 9000 verfügen muss. Dieses wird dann von einer Akkreditierungsstelle geprüft werden.

Ziel

Durch das Handeln von einer Person/einem System angestrebte kommunizierbare Zustände, die definiert werden können. Sinnvollerweise werden das Kriterium der Zielerreichungen und der Zeitpunkt der Erreichung für die Überprüfung angegeben Ein Ziel ist ein angestrebter zukünftiger Zustand, der nach Inhalt, Zeit und Ausmaß genau bestimmt ist. Man kann ein Ziel auch als ein zu erreichendes Resultat sehen. Das Denken und Arbeiten mit Zielen ist eine Voraussetzung für wirksames Controlling. Führung durch Zielvereinbarung (Management by Objectives) und Controlling wachsen zusammen. Ziele sollen markieren, was zu erreichen ist, und sind demnach jedes Jahr neu zu erarbeiten. In einer zielorientierten Unternehmenskultur qualifiziert sich diejenige Person als Führungskraft, die ihre Ziele genau plant und sie dann auch erreicht. Ziele sind dadurch charakterisiert, dass sie eindeutig quantifiziert und qualifiziert sind. Im Zielvereinbarungsprozess werden Einzelziele für verantwortliche Mitarbeiter von Unternehmenszielen wie z.B. dem Return on Investment stufengerecht abgeleitet. Je nach Verantwortlichkeitsbereich des Mitarbeiters können dies Deckungsbeitragsziele, Kosten- oder Leistungsziele sein. Durch Kombination von Deckungsbeitrags- und Kostenzielen lassen sich konsistente Zielsysteme für den Bereich der Rentabilität generieren, die sowohl für die Verantwortlichkeits- als auch für die Entscheidungsrechnung geeignet sind. Damit kann die mit den Controllinginstrumenten angestrebte Verhaltenssteuerung der Führungskräfte umgesetzt werden. Die Führung durch Zielvereinbarung ist der Zielsetzung überlegen, weil jeder Mitarbeiter in den Zielableitungsprozess eingebunden wird, was seine Eigenmotivation und die Akzeptanz der Ziele fördert.

Schlusswort von Alfred Darda

Unser Lebensraum ist bedroht. Es bedarf keines Beweises mehr, da es täglich geschieht. Es spricht alle Welt davon, wir wissen es nun, und die Ursachen für diese Situation werden immer deutlicher erkennbar. Ein Großteil ist auf unsere unzulängliche menschliche Verhaltensweise zurückzuführen. Die Lebensraumbesetzung auf diese zerstörerische Weise ist nun mal ein Problem. Wir hätten ja die Möglichkeiten, sinnvolle Schritte zu tun – die Möglichkeiten dazu sind vorhanden, wenn wir die Tugenden der Vernunft, der Achtsamkeit, der Kooperationsfähigkeit, den Respekt vor der Schöpfung selbstverständlich praktizieren würden. Zum Glück wächst die Einsicht zum Handeln. Noch ist es eine Minderheit. Es ist also ein Thema, das uns beschäftigt und nach Lösung drängt. Die Technik ist da, die Wissenschaft macht Vorschläge, die Vernunft und unsere Bewusstheit geben Hinweise. Wenn es nicht ausreichend geschieht, dann liegt es wohl an der Haltung, der Einstellung von uns, dass es so schwierig ist, den Lebensraum nur so zu besetzen, dass er erhalten bleibt, anstatt ihn zuzumüllen.

Diese Betrachtungsweise führt zur Thematik meiner Malerei. Aus dem Bildraum kann ich ein Übungsfeld machen, das, was sich im Großen abspielt, hat seine Ursache im Kleinen, im Einzelnen – hier habe ich die Übersicht, das Problem zu erkennen und Schlüsse daraus zu ziehen.

Die Bildfläche ist gleichnishaft der Lebensraum, den ich so füllen kann, dass der Raum verdrängt wird und ich den Radius, den die Teile und die Gegebenheiten im Bild brauchen, missachte. Eine Wirkung hebt dann die andere auf, und anstatt eines Dialoges, wo eines das andere respektiert, besteht Kampf zwischen den Teilen. Eine Energie hebt die andere wieder auf.

Im positiven Verlauf muss ich darauf achten, dass alles seinen Platz hat und der Raum das Ergebnis bleibt. Je intensiver die Gestaltungselemente, umso größer der Radius, der respektiert werden muss. Alle Teile im Bild bekommen dann eine gleichwertige Funktion, wenn ein sinnvoller Organismus entsteht. Auch das Allerkleinste wird bedeutend. Wenn ich Anhaltspunkte suche, finde ich diese in mir selber. Mein Körper ist ein Beispiel. Ich erkenne einen sinnvollen, wunderbaren Organismus, in dem alle Teile ein sinnvolles Miteinander leben und auch mein Leben erst möglich machen. Es geschieht zum Glück durch die Gesetzmäßigkeit der Natur und wird nicht gestört durch unsere gefährliche Subjektivität mit all ihren Schwächen. Auch uns selbst können wir stören bis hin zur Zer-Störung durch unsere menschliche Unzulänglichkeit. Auch hier müssen wir Respekt, Achtsamkeit und Verantwortung anwenden, um uns zu erhalten. Aber ebenso wird der Umgang mit der Umwelt entscheidend sein für Erhalt oder Zerstörung, und daraus folgend ergeben sich die Kriterien für das Bildgeschehen, als Gleichnis für sinnvoll gelebtes Leben.

Wenn eine Lebensqualität entsteht, so ist diese Qualität auf konkrete Ursachen zurückzuführen. Unser subjektives Wollen ist oft mit zu viel Schlacken behaftet, wir erschöpfen durch Wollen und Planen und stecken in einer Sackgasse, da wir die Wirklichkeit oft kaschieren und verleugnen. Wir müssen uns die Kriterien erarbeiten, die Qualität für unser Leben und somit auch für die Kunst möglich machen. Der Bildraum wird im Kleinen so empfindlich wie der Lebensraum im Großen. Wir können den Bildraum voll füllen mit all unseren subjektiven Unzulänglichkeiten und somit den Raum verdrängen. Dann mache ich die Bildfläche zur Projektionsfläche und missachte damit alles, was notwendig ist, um einen lebendigen und einen miteinander funktionierenden Organismus zu schaffen. Um dem Bild gerecht zu werden, setzt es einen Respekt und Zurückhaltung des Egos voraus. Wenn ich die positive Einstellung noch mehr herausfordern will, können wir das in der gemeinschaftlichen Auseinandersetzung intensiver erleben. Viele Augen sehen mehr. Das Spiel zum Beispiel vom Fragment zum Ganzen, oft in Kursen angewendet, schafft eine ideale Basis, um Qualität zu erkennen. Aus dem Wir-Erlebnis erfahren wir wichtige Erkenntnisse, die der Einzelne in seiner subjektiven Begrenztheit nicht erfährt und nicht planen kann. Dieses Wir-Erlebnis beinhaltet auch die integrale, also die alles miteinander vernetzende Vorgehensweise. Das Wir lässt einen Prozess zu, der verschiedene Standpunkte integriert und zuverlässigere Kriterien erzeugt, als dies im isolierten Ich-Verhalten möglich ist. Damit unterscheidet sich das integrale Denken vom perspektivischen Denkmodell, weil es die Probleme im Verdichtungsprozess löst. Das ist in Zukunft nicht mehr von der Enge des Standpunkt-Fluchtpunkt-Denkens zu bewältigen.

Das bisher Erwähnte lässt sich auch übertragen auf unser zwischenmenschliches Verhalten. Auch da spielt der Raum, der entsteht, um Entfaltung möglich zu machen, eine lebenserhaltende Rolle. Auch in einer Beziehung kann der Raum durch egoistisches, subjektives Verhalten der Partner verdrängt werden und die Realisierung der Persönlichkeit verhindern. Da werden die gleichen Kriterien gefordert, die im Hinblick auf unser Verhalten der Natur gegenüber notwendig sind.

Die Lösungen der vielfältigen Probleme im Bereich des menschlichen Zusammenlebens sind oft durch einfache Techniken zur Konfliktbewältigung und zur Verbesserung der Dialogfähigkeit möglich, wir müssen uns nur dafür entscheiden. Der echte Dialog verläuft so, dass beide Seiten einen Gewinn haben, und verläuft nicht mehr rechthaberisch und aggressiv. Bei aller Unterschiedlichkeit gibt es inzwischen universelle Bezugspunkte, denen wir alle gemeinsam unterworfen sind. Wenn wir uns dessen bewusst werden und nur einige Gemeinsamkeiten nennen, über die zweierlei Meinung nicht möglich ist, verläuft der Dialog fruchtbar und konstruktiv. Durch kleine Kompromisse auf beiden Seiten wird es zu einer Begegnung von Du zu Du.

Wir alle leiden weltweit unter negativen Umwelteinflüssen und wir können auch schon von einer Inweltverschmutzung sprechen, da die Fremdbestimmung der Menschen für rein materielle Ziele zugenommen hat und die kreative Bildung ins Hintertreffen geraten ist. Auf der einen Seite beobachten wir die Flucht in die Pseudoaktivität und Jagd nach den davonschwimmenden Fellen, zielstrebig, sodass der totale Zusammenbruch das Ende bedeuten könnte. Auf der anderen Seite orientieren sich immer mehr Menschen an den wahren Gesetzen des Lebens und erleben die Rückbesinnung auf die Schöpfung, der wir alle gleichermaßen angehören. Es geht darum, die eigenen gestalterischen Kräfte in sich zu erkennen und sie für den schöpferischen Prozess des Lebens, der Liebe und der Kunst anzuwenden. Es entsteht ein neues Verhältnis zur Natur, in dem wir eins werden mit der Quelle, dem Ursprung allen Lebens, welches in uns, wie in der übrigen Schöpfung, auf gleiche Weise wirkt.

Als Künstler und als Vermittler von Kreativität mache ich seit vielen Jahren in Akademien und Schulen positive Erfahrungen. Ich komme mit Menschen aus allen Berufszweigen zusammen. Alle bestätigen, dass sie die Arbeitswelt besser bewältigen, wenn sie durch die Kreativität einen eigenen Energiekreislauf schaffen, durch den sie Abstand von der Arbeitswelt erleben, von der sie sonst übermäßig vereinnahmt werden. Kunst bekommt heute eine besondere Funktion, in der sie nicht nur Ware für den Markt liefert, sondern sie hat auch die Aufgabe, das schöpferische Potenzial der Menschen zu wecken, zu fördern und zu erhalten. Nur so kann der Mensch sich immer mehr wehren gegen Vernutzung, Verfunktionalisierung und Verzweckung. Das Phänomen des

Burnouts und Depression ist immer mehr auf Mangel an Lebensqualität zurückzuführen.

Mangel an Poesie ist der Grund dafür, dass die Seele unterernährt ist.

Es wird also immer dringlicher, das Leben wieder dem Menschen gemäß zu gestalten. Das wird möglich sein, wenn alle Bereiche kooperieren und an einem Strang ziehen und positiv zusammenarbeiten. So viel Gefahren und Widerstände noch bestehen, die das wirkliche Leben gefährden, so ist aber auch festzustellen, dass das Bedürfnis nach Orientierung und Kreativität in immer größer werdenden Gruppen unserer Gesellschaft zu verzeichnen ist. Die Suche nach dem Sinn des Lebens wächst, da sie überlebensnotwendig wird. Der Begriff „Ich", mehr mit dem perspektivischen Denkmodell verbunden, wird abgelöst durch den Begriff „Wir", der mehr identisch ist mit dem integralen Denkmodell. Dazu ein altes afrikanisches Sprichwort :

Ich bin, weil wir sind, wir sind, weil ich bin.

Autorenverzeichnis

Andre M. Schmutte, Prof. Dr., geb. 1966, studierte Wirtschaftsingenieurwesen am Karlsruhe Institute for Technology. 1997 Promotion an der Universität Bw München, Auszeichnung mit dem Forschungspreis 1998. Zwei Jahre Business Consultant und Bereichsleiter Marketing der IABG. 1999–2008 verschiedene Projektleiter- und Managementfunktionen bei Siemens, 2007 Ruf auf die Professur für Unternehmensführung und Prozessmanagement an der Hochschule für angewandtes Management in Erding. Seit 2008 freier Unternehmensberater und verschiedene Aufsichts- und Beiratsmandate.

Urs Meier, 1954 in Basel, Schweiz, geboren. Hat eine Banklehre in Basel gemacht. Die ersten Jahre bediente er Kunden am Schalter. Ein Kunde der Bank bot ihm dann einen Job in seiner EDV Firma an. Dort lernte er vom Operating über die Programmierung bis zur Analyse die EDV kennen. In dieser Zeit machte er die Ausbildung zum eidg. dipl. Organisator. Später ging er zurück zu der Bank, wo er mehrere Jahre in Deutschland, England, Hongkong, Singapur und Japan als IT und Business Projektleiter arbeitete. Die Projekte beinhalteten Einführungen von IT Applikationen und auch die Aufnahme und Verbesserung von Prozessen im Back- und Frontoffice Bereich.

Klaus-Peter Wagner, geb. 1967, studierte Informatik und Wirtschaftswissenschaften an der Technischen Universität München. Seit über einem Jahrzehnt Inhaber einer Unternehmens- und EDV-Beratung für mittelständische Unternehmen und Lehrbeauftragter an der Hochschule für angewandte Wissenschaften in München, sowie Lehrbeauftragter an der Hochschule für angewandtes Management in Erding, Bad Tölz und Treuchtlingen.

Klaus Jamin, geb. 1940, studierte Betriebswirtschaftslehre und Wirtschaftspädagogik an den Universitäten München und Göttingen, Diplom in München 1968, zwei Jahre Angestelltentätigkeit in der Datenverarbeitung bei Siemens/USA, Aufenthalt und anschließend Berufung an die Hochschule München. Dort bis heute tätig im Bereich Unternehmensplanung, Unternehmensstrategie und Qualitätsmanagement. Vorstand im Zertifizierungsverein IQM München e.V., Veröffentlichung von Artikeln in verschiedenen Zeitungen und Blogs zum Thema Qualitätsmanagement, für den IQM Verein bis heute als Auditor tätig.

Edgar E. Schaetzing, Prof. Dipl.oec. Dipl. Betriebswirt, geb. 1944, studierte Betriebswirtschaftslehre an der University of Applied Sciences in München, Pädagogik und Amerikanistik an den Universitäten München und an dem Career Development Institute – New York USA. Mit seiner mehr als 22-jährigen Praxis im Management der internationalen Hotellerie und Gastronomie (16 Jahre Hilton International) konnte er in acht Ländern alle Bereiche der Ketten- und Privathotellerie kennenlernen. Nach über zehnjähriger Lehre als Professor für Betriebswirtschaftslehre und Hospitality Management an der University of Applied Sciences in München wurde Schaetzing im Jahr 2009 zum Professor für Hospitality Management an der IUBH in Bad Reichenhall berufen. Zusätzlich dient er als Modulverantwortlicher für Hotelmanagement an Fernhochschulen in Deutschland.

Alfred Darda, 1937 in Sickungmühle, Westfalen geboren, studierte an der Werkkunstschule Dortmund, der Folkwangschule in Essen – Werden und der Münchner Kunstakademie. Zahlreiche Ausstellungen im In- und Ausland. Öffentliche Ankäufe u.a. von der Staatlichen Grafischen Sammlung München, der Städtischen Galerie im Lenbachhaus München, der Staatsgemäldesammlung München, vom Deutschen Bundestag. Öffentliche Aufträge für Wandgestaltungen und Kunst am Bau. 1982 Seerosenpreis der Stadt München. Vielfältige pädagogische Arbeit an Schulen in Sommerakademien und Seminaren. Seit 2000 Dozent an der Reichenhaller Akademie.
www.alfred-darda.de

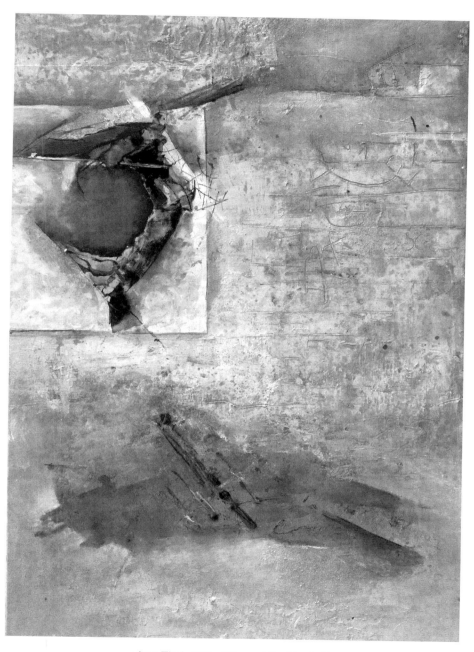

ohne Titel, 100 x 70 cm, Mischtechnik

Reiner Bröckermann, Werner Pepels (Hrsg.)

Das neue Personalmarketing –
Employee Relationship Management als moderner Erfolgstreiber

Employee Relationship Management (ERM) ist ein neuer Bestandteil des etablierten Personalmarketing, das wiederum an der Schnittstelle zwischen betrieblicher Absatzwirtschaft und Personalwirtschaft angesiedelt ist. In der Phase der Personalgewinnung geht es darum, Zugriff auf Mitarbeiter zu erhalten, die in ihrem Profil und Potenzial dem Personalbedarf des Unternehmens entsprechen und seinen Personalbestand gewinnbringend ergänzen. In der Phase des Personaleinsatzes geht es darum, die Mitarbeiter so zu führen und zu entwickeln, dass sie sich in die Strukturen und Prozesse des Unternehmens passgenau integrieren. In der Phase der Personalbindung sollen sich die am besten geeigneten Mitarbeiter emotional oder auch faktisch so dem Unternehmen gegenüber verpflichten, dass ihre Kapazität planbar zur Verfügung steht, und in der Phase der Personalfreisetzung trennt sich das Unternehmen aus intern induzierten oder externen, autonomen Gründen von einzelnen Mitarbeitern oder Gruppen.

Jede Phase wird im Rahmen eines spezialisierten Handbuchs dargestellt. Jeder Band besteht aus Beiträgen zur systematisch-analytischen Fundierung des Themengebiets und zum Transfer der Erkenntnisse in die praktische Personalarbeit.

Band 1: Handbuch Personalgewinnung
2. Aufl. 2013, 400 S., 86 s/w Abb., kart., 49,– €, 978-3-8305-3159-3

Band 2: Handbuch Personaleinsatz
2. Aufl. 2013, 342 S., 40 s/w Abb., kart., 45,– 978-3-8305-3160-9

Band 3: Handbuch Personalbindung
2. Aufl. 2013, 458 S., 69 s/w Abb., kart., 54,– €, 978-3-8305-3161-6

Band 4: Handbuch Personalfreisetzung
2. Aufl. 2013, 305 S., 41 s/w Abb., kart., 42,– €, 978-3-8305-3162-3

Band 1–4 zum Paketpreis
159,– €, 978-3-8305-3169-2

BWV • BERLINER WISSENSCHAFTS-VERLAG
Markgrafenstraße 12–14 • 10969 Berlin • Tel. 030 / 841770-0 • Fax 030 / 841770-21
E-Mail: bwv@bwv-verlag.de • Internet: http://www.bwv-verlag.de